"O espetáculo do circo dos horrores" no Brasil

Marcelo Cortes

"O espetáculo do circo dos horrores" no Brasil

Uma teoria da história e do RAP

Ilustrações
Marcelo Monteiro

2ª edição

coragem

Porto Alegre
2025

© Editora Coragem, 2025.
© Marcelo Cortes e Marcelo Monteiro, 2022.

A reprodução e propagação sem fins comerciais do conteúdo desta publicação, parcial ou total, não somente é permitida como também é encorajada por nossos editores, desde que citadas as fontes.

Projeto editorial e diagramação
Thomás Daniel Vieira.

Capa e ilustrações
Marcelo Monteiro.

Revisão e preparação de texto
Laura Rossini dos Santos.

EDITORA CORAGEM LTDA
www.editoracoragem.com.br
contato@editoracoragem.com.br
(51) 98014.2709

Porto Alegre, Rio Grande do Sul.
Inverno de 2025.

Dados Internacionais de Catalogação na Publicação (CIP)

C828e   Cortes, Marcelo
"O Espetáculo do circo dos horrores" no Brasil: uma teoria da história e do Rap / Marcelo Cortes; ilustrações Marcelo Monteiro. – 2.ed. – Porto Alegre: Coragem, 2025.
224 p.

ISBN: 978-65-996064-4-1

Teoria da história. 2. História política – Brasil. 3. Historicidade. 4. Rap (Música) – Brasil. 5. Rap (Movimento musical) – Aspectos sociais. 6. Rap – Teoria. 7. Facção Central (Conjunto musical). 8. O Espetáculo do circo dos horrores – Álbum musical. I. Monteiro, Maurício. II. Título.

CDU: 930.1:781.7

Bibliotecária responsável: Jacira Gil Bernardes – CRB 10/463

Esta história não poderia ser escrita sem a convivência com, meu pai, Elias dos Santos Cortes, e seu esforçado talento, de uma vida dedicada à música.

Sumário

Apresentação	19
Possível crise na disciplina da história e aspectos psicanalíticos	31
Discurso histórico e a literatura pública	59
O tempo prático como problema público	83
Teoria da história descolonizada	105
Qual seria a temporalidade histórica do Rap: a teoria do Rap	115
Uma teoria da História e o Espetáculo do circo dos horrores no Brasil	137
Álbum de estúdio do Facção Central	209
Referências	213

Bem vindo à história das ruas

"O rap me fez perceber que o inimigo estava bem longe da quebrada".

Gustavo Nunes

"O Rap é a visão, voz e a cultura para nós galera do fundão, (periferia). É necessário expressar o que a mídia e o sistema não exibe, o Rap tem esse compromisso."

Wagner Abreu.

"O rap é a única arma contra o sistema que o povo pode usar sem sofrer retaliação da polícia".

Rodrigo Aguiar

"O rap sempre foi pra mim reivindicações, melhorias pra sua comunidade, saneamento básico e melhores condições de vida pra nossa gente".

Robson Martins da Rosa

"O rap é nosso motor de luta contra o maquinário triturador dos sonhos da periferia".

Cris Castro

"Facção Central é Rap pesado; ou a exposição da realidade que você não quer ver, a revolta que você não quer participar".

Jonatas Fraga

"No país que despreza educação, cultura e arte, somos a parte que insiste se pensar que não desistimos. Estamos aqui para falar que graças ao Rap e a periferia Reexistimos."
Giba Costa.

À Teoria do RAP,

"Conheci a cultura Hip-Hop na adolescência logo após o início no Brasil, analisando e refletindo letras de Rap me tornei um Homem de caráter, com mais atitude em busca de conhecimento, me esquivei das armadilhas do sistema em busca de progresso, prosperidade e evolução".

Wagner Silveira

"O rap é que nem a china, os zóio grande não entra"; a frase não é minha, mas vale repetir."

Marcelo Moreira.

"O rap é a vivência das ruas, dando voz aos não escutados pelas altas camadas da sociedade!".

Leandro Marques

"O Rap, é a trilha musical da minha vida. Professor, melhor amigo companheiro de todas as horas."

Pedro Mayela.

"Facção Central é música boa para pensar. Um dos mais importantes grupos de rap no Brasil, narra de forma crua, sincera e violenta — como se manifestam na vida real — as chagas que afligem o país e massacram a população mais pobre. Seu conteúdo extrapola a música, cuja produção por si só merece atenção, o conteúdo das letras captura a atenção do ouvinte e convida à uma reflexão profunda, a discografia transforma lições dignas de cursos de história e sociologia em música, e leva esses tópicos até sujeitos que nem sempre têm oportunidade de acessá-las."

Murilo Gelain.

SUA HISTÓRIA CRÍTICA E SOCIAL,

"Se for para definir o álbum "O Espetáculo do Circo dos Horrores" em duas palavras seriam "reação" e "ação", nessa ordem. Reação porque precisamos reagir a todo um histórico de opressão, e ação porque não dá pra ser só reativo, precisamos ir além. Como diz na música "Espada no Dragão."
Rodrigo Rodrigues.

"Com o Espetáculo do Circo dos Horrores, a tragédia da realidade periférica brasileira tomou de assalto os palácios da imaginação social e escancarou o genocídio que há por trás dos soberbos monumentos da elite brasileira. Nesse disco, o Facção Central devolve na mesma moeda o escárnio da violência coordenada da austeridade neoliberal ao estilo Geraldo Alckmin, governador de São Paulo em gestão na época do lançamento. É, por isso, um disco bastante atual, infelizmente também pelos motivos mais tristes e adversos para nosso povo."
Jonas Dornelles.

"Nascido e criado no interior do Rio Grande do Sul, na cidade de São Borja, sofrendo toda crueldade que as opressões, motivadas pela diferença da cor da minha pele, me impunham, principalmente na escola, eu tive no rap a oportunidade de libertação, uma vez que a cada verso que eu ouvia, do álbum Sobrevivendo no Inferno do Racionais MC's, traziam o entendimento do que era tudo aquilo que me machucava e, a partir desse entendimento, tornava-se possível encontrar maneiras de resistir que assegurassem a continuidade da minha caminhada."
Letiere Rodrigues.

E...

"Quando se fala em música, se fala em vida, em histórias. Impressiona com uma letra pode tocar nos corações das mais diversas pessoas. E o rap é melhor exemplo disso, com a sua linguagem própria ele dialoga com a camada periférica de igual pra igual sem distinção."

Anderson Luiz Silva da Silva.

"O Rap na minha vida foi o "contraponto", foi com ele que descobri que a história que nós é "ensinada" não é bem assim, foi ele que me mostrou que existe resistência, luta e que acima de tudo existe um lado. O Rap é respeito, compromisso e educação."

Anderson Barbosa.

"Sobrevivendo no Inferno foi um clássico que marcou e segue marcando gerações de jovens que "despertam" sua revolta contra o racismo estrutural e as desigualdades sociais. Pelo seu alcance o rap dos anos 90 foi uma das mais criativas e impactantes manifestações de luta e resistência dos oprimidos em nossa história."

Daniel Augusto.

"O rap chega em mim no fim dos anos 90, as letras diziam coisas tão reais, um tumulto sério, um jeito organizado de falar do caos, sobretudo, descobri que tinha gente no Brasil viva e com muita coragem para dizer o que era preciso dizer."

Samuel Pereira Marcolin.

APRESENTAÇÃO

Realizamos este trabalho mergulhando em três ideais e realidades práticas da teoria da história. O primeiro passo foi dado a partir das motivações e discussões estimuladas na disciplina de Teoria e Metodologia da História, do professor Arthur Lima de Avila, no Instituto de Filosofia e Ciências Humanas do Programa de Pós-Graduação em História da Universidade Federal do Rio Grande do Sul. Num segundo momento, temos as condições que colocam as problematizações da disciplina na história, no contexto atual do país e do mundo, e a necessidade de sua defesa enquanto lugar de estância ética, política, educacional, constitucional, democrática e cultural. E, na terceira estação, tudo isso pôde ser "unido" à cultura de rua, ao rap, aos movimentos sociais em sua investida teórica e prática como modelagem de ação crítica e propositiva diante dos desafios que a conjuntura histórica impõe, de maneira intransigente, sobre nós.

Ou seja, uniu-se aos setores da sociedade que fazem suas alianças contra a barbárie econômica, racial, patriarcal, eugênica, educacional, social, política e cultural que se encaminha para se estabelecer em nosso país por meios sólidos nos próximos anos – isso, se nenhuma intervenção ligada a uma invenção criativa proporcional a essa força for estabelecida. É preciso formalizar essa reação capaz de ir mediando por si só uma manifestação solidária e organizativa para enfrentar esses desafios – problematizações que também são históricas.

Quando vemos Achille Mbembe desenvolver noções que analisam medidas de um mundo que está a caminho de um *"Brutalismo"* como era histórica e política, em sua revelação de desenvolvimento cultural, fica muito difícil não concordar com sua abordagem descritiva de uma teoria do mundo. Temos, com a pandemia, um de seus efeitos: é a autorização democrática exercida para matar.[1] Basta olharmos para uma espécie de *"Mein Kampf Brasileiro"*, longe de estarmos exagerando, pois ao ler o *Projeto De Nação: o Brasil em 2035*, ligado ao bolsonarismo e aos militares que orbitam a sua ideologia, visualizamos muitos ataques aos direitos conquistados através dos séculos pelo povo.[2]

Nesse *Projeto De Nação* se ataca a universidade pública em busca de sua privatização, ato tático para logo promover o fim da escola pública, criando um movimento que se efetiva aos poucos durante o tempo. O SUS, Sistema Único de Saúde, é outro sonho de consumo dessas forças sociais que buscam eliminar o caráter público e gratuito dessa instituição popular. A sensação de temor que se coloca como horizonte é por sabermos que se esse *Projeto de Nação* não for efetivado, outros surgirão com a mesma topologia social em questão.

A conjectura aqui nos mostra que se *Mein Kampf* de Hitler foi escrito em 1925, para quase uma década depois

---

1. CONFAVREUX, Joseph; MBEMBE, Achille, 2020.
2. SAGRES, Instituto. PROJETO DE NAÇÃO – Centro Prospectivos Brasil 2035 – Cenário Foco – Objetivos, Diretrizes e Óbices. 2022.

APRESENTAÇÃO

(1933 e 1939) estar materializando grande parte do conteúdo da sua concepção de mundo, no Brasil, em 2022, o *Projeto De Nação: o Brasil em 2035*, busca efetuar as mesmas condições de realizações a médio prazo (esse projeto é ruim, desqualificado, absurdo, elitista, eugênico, ultrajante, brutal e desumano, mas não esqueçam: é um projeto; que envolve força, sonhos, desejos e dedicação, entendem? Quem parece estar sem projeto, dividida pelo elo errado, perdida estruturalmente e se queixando, sempre assustada com os passos da conjuntura é a "esquerda" e os "progressistas"). E, sabemos, tratar essas questões com certo desdém e blasé propositivo de nossa parte tem se transformado em preços amargos, preços esses que a sociedade vem pagando e acumulando.

Por esses meios e motivos conflituosos que temos alguns arames alegóricos distribuídos no conjunto de todas as ações que promovem a casa do rap. Posições destinadas possivelmente a levantar oposições, gerando perseguidores inteligentes. Diante desse fato e contra ele, formulamos, então, uma teoria do rap. Assim, vamos atacá-las, chamá-las para um duelo de rimas, discursos, narrativas, historicidades, revoluções, politizações, ideais, lógicas, ataques e refutações.

Considerando o papel de uma educação acadêmica e universitária, ligado a dedicação na busca de uma escolaridade elevada, posição essa que não está intimamente baseada em dar as melhores respostas sozinha, deixando de fazer uma ponte com outros setores sociais e históricos, sobre os problemas que a sociedade estabelece. Mediados por esses recintos, podemos trazer *algumas* dessas problematizações e proposições – não se sobe uma montanha correndo, como diz nossa vó. Pensadas juntas as instituições educacionais e a quebrada, essa com seu conhecimento diferenciado, e ambas com uma consciência histórica ampla. Assim passamos nós, então, a ter uma formação educacional permeada de "especialistas" das mais diversas tonalidades da experiência da vida no mundo; e ademais, é situando também por fora desses meios mais desenvolvidos (a nível de conhecimentos institucionais) que as conjecturas desta pequena discussão podem ser válidas.

Principalmente quando estamos embebidos de uma construção da ciência que silencia esses movedores da vida social que estão em nome da mesma ciência. Isso não quer dizer que esses dois mundos não estejam mais ligados do que se parece. O caráter popular e o específico (erudito). O caráter intelectual se dissolve entre o mundo das classes sociais. O popular engajado e o agitador privilegiado pagam um preço para ver o corre acontecer e por isso correm riscos, estando preparados para perder *likes* e visualizações em nome de um processo maior.

Lembremos os acadêmicos, em particular, que esta visão de entrelaçar o rap, o hip-hop e suas concepções de mundo enquanto método de análise para a investida das humanidades não seria uma posição nova – talvez silenciada, mas não inovadora. Basta lembrarmos das contribuições do médico e epistemólogo Ludwik Fleck, que havia caracterizado que a ciência moderna não poderia se afastar da cultura e de sua gênese sociológica da sociedade. Para Fleck, a ciência tem um caráter estritamente social; pois a ciência em sua construção acaba permeando relações com a arte e o estilo.[3]

---

3. CONDÉ, Mauro Lúcio Leitão, 2012.

APRESENTAÇÃO

Em Fleck, o método científico passa a ser um modelo estético de análise (concreto) em que a cognição é um estilo; sendo assim, a ciência seria um superlativo grandioso de estilos. "Estilos" esses que nos interessam muito pelo viés da cultura de rua. Fleck inaugura uma concepção de ciência que vai auxiliar o filósofo da ciência, o físico e historiador Thomas Kuhn, em sua elaboração de perceber a ciência não enquanto progresso, mas como paradigmas que vão se acumulando sem estabelecer uma linha linear no tempo. Esse mesmo proceder de Fleck serviu para que Michel Foucault, em sua concepção de epistemologia, adotasse percursos semelhantes.[4]

Temos, então, o objetivo de discutir e articular uma teoria da história – e suas concepções de mundo – interessada em dialogar com o que podemos chamar de uma "teoria do rap".[5] Para fazermos esses cálculos, situamos aquilo que chamamos de uma intervenção artística e literária, em sua forma e aparência geral, que está na colaboração e confabulação com as perspectivas e expectativas de interesses de uma disciplina da história e a história nas ruas.

O rap e seus gêneros, de forma geral, nos trazem alguns aspectos que fornecem um espelho da sociedade, se manifestando enquanto uma teoria do conhecimento, pois está para além de uma representação meramente artística da realidade. E seria por meio dessa estrutura que podemos articular suas posições e narrativas de mundo. Não podemos

---

4. CURI, Luciano Marcos; SANTOS, Roberto Carlos dos, 2011.

5. A teoria do rap é uma de nossas propostas para pensar e começar a produzir um campo possível e delineado de conhecimento; como lugar ainda pouco explorado pelos estudiosos e estudiosas que avançam no campo da teoria da história, podemos oferecer instrumentos indisciplinares práticos em questão para aprofundar possíveis debates e discussões favoráveis a sociedade.

esquecer, como lembra Hannah Arendt, de onde está sendo efetivada a fala, esse jogo de interesse, em ato, se torna um encaixamento político por definição, pois a fala seria uma das matrizes que colocam o ser em sua condição de humano.[6] Falar é atributo arbitrário para exercemos a refutação do que se argumenta. Neste processo o rap enquanto fala tem o poder de criticar, cantando, a forte animosidade que Hannah Arendt tinha contra o movimento Black Power (e outras minorias) de sua época. É essa ambivalência de interesses que coloca o espetáculo das colisões das falas na sociedade e suas justificativas de ação política no movimento da identidade que busca seu reconhecimento social no mundo.

Um dos desafios desse empreendimento seria articular grande parte das letras do álbum produzido em 06 de junho de 2006, *O Espetáculo do Circo dos Horrores*, o oitavo disco deste grupo de rap de moradores dos bairros periféricos do Estado de São Paulo, conhecido como *Facção Central*. Distribuindo, com isso, algumas posições teóricas que são desenvolvidas e aproveitadas como discussão no campo da teoria da história ao Brasil de hoje; assim como suas possíveis tendências políticas, sociais e culturais que concretizam manifestações conjunturais. É mobilizando esta construção que nosso trabalho se torna válido no momento: em sua investida em aproximar mundos que foram distanciados pela própria lógica geral que o sistema social em que vivemos privilegia. A trajetória do *Facção Central* coloca em destaque a participação deste grupo: Eduardo, Dum Dum e Erick 12. Mas outros integrantes também contribuíram para formalizar o que *Facção Central* foi, é e está sendo (são

---

6. ARENDT, Hannah, 2007.

APRESENTAÇÃO

eles Mag, Jurandir, DJ Garga, Smith-E, Moysés, DJ Binho, Badu, Smoke, DJ Pulga). Personagens que alcançaram bastante destaque dentro da cultura *hip hop* e para além dela, ultrapassando os limites deste campo de quem aprecia esse estilo musical e de cultura popular política e literária.

De certa forma, as articulações políticas do momento, no Brasil e no mundo, favorecem esse encontro; essa troca entre o pensamento da teoria da história e o pensamento do rap, passando pela contribuição específica dessa obra de arte e do discurso social musicalizado. De um estilo social que pode auxiliar metodologias científicas que colocam a ciência no setor politizado da questão que produz a vida, como recentemente vimos um pensador como Fleck tornar possível, – justamente ele, que foi perseguido pelos nazistas e conheceu de perto a plataforma do genocídio alemão.

Todavia, quando Jean Baudrillard anuncia que vivemos uma era de incertezas que nos fazem não conseguir trocar essas equivalências entre um mundo e outro em nome de um mesmo processo. Uma era em que as esferas de conhecimento e pensamento não se trocam nem com a verdade, nem com a realidade.[7] Dito isso, pensamos que por trás dessa impossibilidade de irrupção, de uma incerteza radical anunciada, como diacronia histórica, é que, ora, justamente por esses problemas se constituírem assim pode haver um diálogo. Principalmente entre aqueles que jamais tentaram trocar alguma coisa, pois antes de tentarem foram convencidos pelo fracasso de outras experiências de troca de conhecimento, cultura, política e aspecto social. Estamos

---

7. BAUDRILLARD, Jean, 2002.

nos referindo às trocas entre mundos e conhecimentos que este trabalho incita e favorece.

Talvez o problema esteja no conceito de troca que Baudrillard estabelece, pois sua impossibilidade é fruto de uma possibilidade, e sobre isso o autor silencia. A impossibilidade da troca entre dois grupos diferentes, no caso, a universidade e a quebrada, talvez seja uma posição segura, de se pensar, no mundo onde esse pensador viveu. Sua ideia de "troca impossível" tem tanta convicção que lhe garante um lugar seguro no pensamento. De sua crítica sacamos tranquilidade sobre a possibilidade na troca, pois sua definição desse tema fica mais dependente de um tipo de niilismo, formulado por ele, que no fundo percebe o caos e as indefinições das coisas da sociedade como um fracasso e não como uma potência. Posição que se torna produtiva exatamente por buscarem se definir vivendo juntas no caos e não separadas dentro dele.

Estamos pontuando um pouco daquilo que Spivak entrelaça, ou seja, a desconstrução que se coloca em relação ao jogo de ideias, fazendo-se na metafísica de uma consciência dos textos, ligada a uma trajetória dos documentos, de uma discussão promovida por uma elite; movida pelo elo de se edificar como alta cultura, para assim poder se colocar e nos permitir saber algo de profundo e consistente sobre a consciência daqueles que são classificados de subalternos, que não devem falar e são desestimulados a narrar e contar suas histórias.[8]

Ora, o rap fala muito e narra em volume alto, canta como Kant, mas com sua própria voz, como o filósofo

---

8. SPIVAK, G. C, 2008. p. 43.

APRESENTAÇÃO

aconselhou que fosse feito (Kant [cante] com seu pensamento é o trocadilho, sem apertar o gatilho e sem lágrimas de crocodilo). Arranjo dissimulado, esse, que pretende nos transmitir a sensação do que seria essa formação que nos garante tanto nomear esses grupos sociais para além de nós, como compreendê-los para além deles mesmos. Nossa intervenção passa por tentar desobedecer uma pulsão "conservadora" que está contida não nos meios identificados como setores conservadores exatamente, mas que permeia seus reflexos como pressuposto cultural naqueles que negam essa envergadura (a esquerda e outros setores).

Dito isso, para desenvolver estas linhas vamos discutir também sobre as possíveis crises da disciplina histórica e o desespero do historiador diante das ciências humanas, que colocam em xeque sua compreensão do passado, do presente e do futuro, neutralizando sua intervenção, seja ela produzida em qualquer um desses campos temporais. Um pensamento desconfiado, elaborado por Paulo Arantes, fala de um novo tempo do mundo, em que a experiência da história está abaixo das expectativas decrescentes no futuro.[9] Se a esquerda não tem perspectiva de futuro é porque não tem intervenção no presente, sendo o futuro visto como um desafio negativo e não um acúmulo de relações de forças sociais. Hoje, o que apavora a esquerda é sua intervenção no presente e implicação de futuro, por isso o passado é seu único lugar para refúgio de realidade explicativa dos fatos. A teleologia política da história hoje anda para trás.

Nos parece que o discurso da história precisa ter uma relação com a literatura pública, onde os termos históricos

---

9. ARANTES, Paulo, 2014.

não podem ficar presos em uma aura de mistério, que só prejudica sua atividade educacional e cultural. A própria história disciplinar precisa discutir o que é um discurso histórico e sua literatura pública, processos que estão ligados ao tempo prático que nos gera consequentemente um problema público político. Diante disso, nos indagamos a pensar: qual seria a temporalidade histórica do rap, a temporalidade que passaria por dentro de uma história que se pretende ser descolonizada (e contra si mesma em boa parte dos casos)? Para assim proceder, organizamos abordagens que possam conduzir o que pode ser traduzido como a crise na disciplina da história, junto de seus aspectos psicanalíticos, enquanto resultado psicossocial entrelaçado sobre as escolhas que essa mesma sociedade está fazendo e, por isso, vem colhendo frutos mais apodrecidos do que maduros em sua jornada na história.

Diante desses desafios, temos, então, como pensar juntos uma teoria da história descolonizada; trazemos para isso aquela senhora que esqueceu de pegar seu único troco do mês no supermercado, porque estava pensando em seu filho que seria preso mais uma vez. Ou seja, a temporalidade histórica do rap conta a história de um povo sofrido, mobilizando o campo da teoria da história a refletir, politizando-se diante daquele "espetáculo do circo dos horrores" no Brasil. Para fazer todos esses movimentos pretendemos aprofundar as diretrizes que trazem o conteúdo dos textos que ocasionam o desabafo epistemológico, das letras de música do álbum, *O Espetáculo do Circo dos Horrores*, na medida que esses pressupostos puderem produzir política, cultura, educação e história.

Estamos fazendo um esforço para emitir aproximações entre os ditos letrados, acadêmicos e defensores do conhecimento com aqueles setores pouco articulados ao seu mundo. Pois muitos saberes estão sendo expostos a pré-conceitos que inviabilizam essas construções, entendidas como forças que não estão exatamente dentro da história. Já que o conhecimento envolto sobre estas conjecturas da quebrada declaradamente expostas pelo *Facção Central*, em sua posição de sujeito e de conhecimento, jamais se viram fora da história. Quem os vê fora da história são os que se colocam e se sentem os seres mais legítimos dentro dela, mas não admitem isso, disfarçam muito bem esses valores e acabam, no final das contas, colocando-se como os donos da história e de tudo o que supostamente se encontra dentro dela.

Por isso, essas relações aqui mensuradas podem impressionar aqueles que menosprezam essa equidade entre os saberes, seja pelos motivos que for. Diminuir esses espantos é um dos objetivos deste trabalho. Dito em outras palavras: as relações dessa aproximação entre a teoria da história e o rap, com sua posição teórica de estilo e saber, se mobilizam sobre os pontos de convergência entre ambos e não acentuando as suas divergências; quando estas últimas se manifestarem enquanto mote crítico, os pressupostos podem ser vistos em nome do próprio movimento da teoria da história e da teoria do rap (*hip hop*). Andar na rua exige toda uma ciência, um balanço, ainda não colocado no dicionário do Aurélio.

I
POSSÍVEL CRISE NA DISCIPLINA DA HISTÓRIA E ASPECTOS PSICANALÍTICOS

Podemos começar estas discussões por vários lados e formas. Assim é a história. Mas se isso fosse toda a resposta, não estaríamos aqui. Quando Piotr Kropotkin, em sua versão da história, aponta que os que se dedicam à história estão presos numa posição no tempo, transformando-se em vítimas de si mesmos, pois, como o autor coloca, é uma questão de tempo – os preguiçosos não fazem história: sofrem-na.[1] Se tratando de um autor revolucionário, nos parece que tal passagem convoca e alerta os historiadores e as historiadoras de que seus campos de conhecimentos e pressupostos metodológicos não são espaços garantidos, não alcançaram determinados patamares, seja por uma lei, seja pela cultura institucional da sociedade em geral. Conforme Kropotkin, a dimensão da palavra preguiça nos sugere a isso e, nos ensina muito nesse

---

1. KROPOTKIN, Piotr, 2000. p. 38.

caso. Não a boa preguiça, mas a preguiça preguiçosa, que não se assume e se disfarça.

Uma ação deve ser apresentada diante dos fatos, do contrário vivemos uma crise da ação histórica; a sua existência anda em crise. Essa adjetivação funciona enquanto recinto de ação no mundo: um lugar desinteressado e contemplativo, desligado (desatento) e ao mesmo tempo ligado a uma intervenção que se faz como política ativa e política passiva, em diferentes etapas que culminam em um mesmo processo. Situação essa que nos leva a fazer política com história e história com política, sem precisarmos abandonar um dos fatores ou ficarmos restritos a uma fusão entre ambos, mas sabendo nos orientar dentro desses aspectos, quando se fazem necessários, pelo movimento da própria historicidade.

Ao mesmo tempo, estamos dispostos a pensar que essa não seja uma crise do campo da "ação prática", mas uma preguiça teórica e explicativa da história, que faz acoplar imagens e pedaços de seu próprio corpo uns aos outros. Assim como a história, o rap tem sua própria forma de se explicar. Sua teorização não é nada mais nada menos do que sua rima sendo pensada para ser materializada. Em 1748, Johann Lorenz von Mosheim entendeu que o historiador deveria pintar, mas sem cores.[2] É nesta hora que o rap não precisa colorir a história.

A preguiça que envolve o historiador desde a sua formação produz um aspecto que o faz não pensar teoricamente sobre a história. Há, aliás, uma passagem bastante emblemática de Lênin que se faz assim: sem teoria revolucionária, não

---

2. KOSELLECK, Reinhart, 2013. p. 147.

há movimento revolucionário.[3] Logo, podemos dizer que não há história sem teoria da história, assim como muitas outras coisas não existem sem ter sua dimensão teórica. É nesses termos que o rap pode pensar a si mesmo como uma teoria que está ali o tempo todo, mas precisa ser realizada, explicada e aplicada, visto que o rap nasceu sem pátria e sem pai. Se pegarmos essa mesma laranja, podemos fazer muitos sucos dela.

Um advogado negro, Silvio Luiz de Almeida, vai entrar na conversa. Quando Almeida pensa nas condições que possibilitam o racismo estrutural, o autor não deixa de nos lembrar dos ensinamentos de Étienne Balibar e Immanuel Wallerstein, produzindo a seguinte leitura:

"Não há racismo sem teoria" e, por isso, "seria completamente inútil perguntar-se se as teorias racistas procedem das elites ou das massas, das classes dominantes ou das classes dominadas". De fato, tão importantes quanto as narrativas da cultura popular na produção do imaginário, são as teorias filosóficas e científicas.[4]

Diante dessa passagem parece ficar evidente a importância da teoria, seja qual for o campo em que esse ente encontrar-se articulado. É consistente, então, lembrar que autores revolucionários ou não, negros e brancos, da cultura popular e da cultura erudita estão dizendo coisas muito próximas, se não idênticas, sobre como o fenômeno da teoria funciona para produzir tanto a história quanto as estruturas sociais e políticas. E é aí que temos uma indolência por parte do historiador, a qual nos permite tentar fazer uma

---
3. LÊNIN, V.I, 1979. p. 25.
4. ALMEIDA, Silvio Luiz, 2017. p. 12.

história social sem aprofundar a reflexão, pois a partir do momento em que estamos fazendo uma intervenção social e histórica (uma história social), ela por si mesma é nosso exercício de conhecimento teórico diante das problematizações conceituais e objetivas de campo. Um exemplo: o número três não existe, mas sua teorização produz motores e ciência. É nessa hora que o ranço de certos historiadores sociais "conservadores" os faz esquecer de um fato tão simples: uma abstração (quando bem delineada socialmente) tem mais materialidade do que uma cadeira e um arquivo de documentos. O senso comum, o mito e o capitalismo financeiro situados como poderes e corpos simbólicos das coisas estão aí para não nos desmentir. O historiador "chapa branca" tem muita dificuldade de entender que a abstração e a conjunção teórica são materialidades.

    A primeira parte do problema seria situar a falta de condição teórica dos historiadores e das historiadoras, para pensar tanto sua disciplina quanto os seus trabalhos, como consequência de uma atitude ligada a uma espécie de pressão social para não irmos além de um senso comum acadêmico, ou mesmo uma concepção de mundo. A respeito dessa condição, temos ainda outra questão, que nos provoca uma segunda problemática. Ao mesmo tempo que a teoria da história pode identificar as crises no seu campo, pode ver nela mesma as condições dessa crise, pois sua "invenção" existencial passa por ter sido desenvolvida em termos de condições, métodos e concepções bastante críticos, que eram destinados aos historiadores em geral. Nesse caso, a teoria da história tentava dar respostas aos que atacavam a história ou mesmo defender a história dos próprios historiadores, cujas posições estavam sendo desenvolvidas como ataques, pelos campos de outras humanidades, em relação aos cânones tanto metodológicos quanto narrativos da disciplina da história. Isto é, essas perspectivas estavam sendo dirigidas aos fundamentos da história, questionando sua condição de verdade e versões de probabilidades.

Portanto, a teoria da história passa a ser uma forma de defender o campo da história e não mais um de seus críticos, ou seja, sendo resultado de um campo de problemas reelabora críticas, reflexões políticas e sociais em nome da história, para aprimorá-la, se possível, e não para destituí-la. Da mesma forma que a teoria do rap busca ser o advogado que distribui os seus saberes, navegando sobre todas aquelas pretensões que a humildade carrega. Ao mesmo tempo, se essa transformação e percepção da "crise" em sua nova formatação forem feitas sobre passos de tartaruga, devido às condições que a própria história do capitalismo relata e pressiona em nossa cara todos os dias, o barco estará muito próximo da cachoeira. Não dará mais tempo.

Os questionamentos críticos dirigidos ao modo do discurso histórico, estão se produzindo dentro daquilo que podemos chamar de determinismo metodológico, geográfico e cultural por dentro da história. A escrita da história e sua condição de conceito permanece, em muitas modalidades, restrita à Europa e ainda assim sendo destinadas a localidades bem específicas desse enorme território. Comprometida, em grande parte, com certos valores pontuais do contexto, das disputas e das condições regionais que tiveram suas posições imperialistas, ainda suportam sentido e empurram parte do neoliberalismo atual para o nosso colo.

Neste exercício destacamos um certo deslocamento de interesse. Ora, quanto a isso, até então, não há nenhum problema grave. Agora, não estamos dispostos a perpetuar uma história restrita de estilos para poder defender uma historiografia específica que se garante nem tanto por aquilo que diz e produz, mas pela sua tradição no tempo, nos levando a não ter nada mais a dizer, a não ser pronunciar baixinho em sala de aula ou na rua: "Os textos e livros metodológicos, clássicos, aos poucos estão resolvendo todos os nossos grandes problemas da história, e sobre o que pode ser definido como história, relaxem". Diante dessa tendência, José Carlos Reis situa a história entre a filosofia e a ciência. Por esse meio, nos parece trazer um desafio. Existe mais coisa entre esses pressupostos. Existe a rua, e como acreditar em um discurso histórico que não sabe andar na rua, mas se pretende explicar e diagnosticar a sua história?

Digamos que essa condição nos liga a um período da história da Alemanha; de um lado, a filosofia da história de Hegel e demais autores, de outro, a concepção de história científica de Ranke, como patrimônio do Estado, nos incita a construir becos sem saídas.[5] Essa perspectiva pode nos trazer certa envergadura intelectual e uma posição de privilégio, mas ao mesmo tempo, quando essa tradição se assenta na verdade e não se questiona mais eticamente, essa posição pode ser suicida.

Em um texto bastante provocativo do indiano D. Chakrabarty, é discutida esta tendência de uma morte da história e de sua consciência histórica diante da cultura do

---

5. REIS, José Carlos, 2004. pp. 11-12.

capitalismo tardio.[6] Sendo assim, podemos mergulhar em algumas posições decisivas e importantes. Os problemas aqui discutidos fazem uma inversão de interesse, começa-se abordando o tema provocando uma quebra de paradigma, e quando são operadas as discussões, se somam a elas perspectivas de autores diferenciados e indianos (devemos ler os indianos, africanos e uma letra de rap do Rappin' Hood com o mesmo poder simbólico e entusiasmo atribuído a historiografia francesa, inglesa e alemã), para abordar os desdobramentos dessa morte ou fracasso, não da história propriamente dita, mas de um sentido narrativo que se propaga a passos largos ao encontro do abismo. No entanto, não podemos nos deixar levar por uma ideia de morte vulgar da história, como Chakrabarty alerta, enquanto destina suas posições a pensar uma dinâmica de abordagem das questões de métodos da história em relação às produções culturais populares, que buscam reelaborar a história para outros objetivos, digamos, na "histeria masculina" de um capitalismo predatório, que não consome somente a natureza, pois, consome potências sociais e "mentes" também.

Em suma, temos espaços para um renascer do subalterno que faz uma história mais viva e produtora de sentido do que a história tradicional. Principalmente aquela que se satisfaz em um significado tautológico atrás do outro, promovendo um desgaste, um enxame de repetições, enfraquecendo, entristecendo e algumas vezes enlouquecendo a disciplina de história. Processo produzido por dentro do próprio campo da história e que torna ainda piores as dinâmicas e desafios da relação entre a educação e a disciplina da

---

6. CHAKRABARTY, Dipesh, 1992. pp. 47-65.

história; colocando em posição de descanso seus inimigos, que não precisam agir, pois o castelo da história parece desmoronar sozinho, visto que no cotidiano desses fazeres se encontra o posicionamento de um conjunto de ideologias que sustentam o lado pelego da vida, distribuído nas práticas do "bom senso" no tempo.

Aquela grande consciência histórica de um conhecimento integrado mais excluía do que abarcava. Temos, diante desse fato, um exercício psicanalítico. Aliás, o campo que fornece conteúdo e contribui com diretrizes para a disciplina da história tem uma dívida com a psicanálise e com a psicologia, pois acabam fazendo uma troca mais pontual e profunda, teoricamente falando, com esses campos, do que se divulga. Esse contato pode responder a algumas necessidades conjunturais disciplinares que estamos vivendo hoje e que também foram vividas no passado.

A "história" que estamos presenciando, favorece esse encontro. A contribuição de Frantz Fanon pode ser articulada com a demanda aqui estabelecida. Em *Alienação e Liberdade* encontramos muitas feições nesse sentido. Uma delas é o entendimento de que o conjunto de práticas intelectivas da vida colonial criaram não a busca de uma eliminação da história e de seu corpo, mas o controle da vida e da história através de uma violência distribuída em sua alienação.[7] Nesse aspecto, a "filosofia de vida" engajada na humildade que cerca o estilo existencial "de um revolucionário generoso" como Rappin' Hood, narrado em *É Tudo no Meu Nome*, não pode ser alcançada, pois quando esta disposição não é caçada, passa a ser castrada por essa lógica da liberdade assentada na

---

7. FANON, Frantz, 2018.

vitrine da loja capitalista da vida alienada superficialmente almejada por muitos.

Outro exemplo consiste num livro chamado *Freud Para Historiadores*, de Peter Gay, no qual o autor articula a psicanálise sendo aplicada aos ramos de pesquisa da história, sem exatamente substituir outras formas de fazer história, mas apenas buscando aumentar o repertório dos historiadores e das historiadoras, para que quando tiverem problemas genuinamente psicanalíticos em mãos não fiquem desorientados, sem instrumento para abraçar esses casos da história. Peter Gay pega problemas entendidos como essencialmente históricos e consegue fazer uma abordagem bastante satisfatória para provocar sua tese. Cada indivíduo tem sua história articulada aos outros e, ao se reencontrar dentro dessa agonia disfarçada de liberdade, pode descobrir uma historicidade de si mesmo distribuída no tempo de terceiros (que não são nem nós nem os outros).

Ademais, nesse mesmo movimento, temos o trabalho de Danieli Machado Bezerra em *Lacan Para Historiadores*, sugerindo não só uma situação, em nome da interdisciplinaridade, de meramente estabelecer uma conversa, mas de potencializar capacidades para criar paradigmas. E, ora, já sabemos que quando isso não é produzido assim, os historiadores e as historiadoras acabam nos consultórios psicanalíticos e de psicologistas por outros meios, justamente por não terem estes suportes teóricos que ajudam a entender tanto a história que os cerca, quanto os seus próprios problemas pessoais dotados de historicidades; as dificuldades da vida se produzem assim, principalmente para aqueles que levam muito a sério o que a história tem a dizer contra nós. O peso da história não é para qualquer um ou qualquer uma, é preciso procurar luvas para segurar esse peso, pois sua entonação machuca as mãos, a mente e o coração.

Em outro trabalho desenvolvido no Brasil, *O racismo e o negro no Brasil: questões para psicanálise*, organizado por Noemi Moritz Kon, Mária Lúcia da Silva e Cristiane Curi Abud, desenvolve-se uma perspectiva muito próxima da qual estamos a reconhecer a importância; pois utilizam uma sensibilidade que articula uma história do racismo extremamente conectada com as questões psicanalíticas, fazendo história pela psicanálise e fazendo psicanálise com os métodos históricos.

Não é o caso de darmos maiores explicações, mas sabemos que tanto a história quanto a psicanálise se fazem como um exercício doloroso e responsável; sacrifícios, abandonos, lutos e mudanças precisam ser feitas. Ou seja, como já dissemos, conhecer o peso da história e de seu conhecimento, tanto em nossas vidas quanto no mundo, e tentar mudá-la, para se manter sobre ela (quando for preciso) não é reduto fácil. Saber da nossa história dentro da própria historicidade, em alguns casos, ou, na maioria deles, pode gerar implicações ferinas como: frustrações, obsessões, ambições, humilhações, conflitos obscurecidos, culpas que ultrapassam séculos – tanto para o bem quanto para o mal (no sentido adjetivo e substantivo da questão); e seria por dentro dessas situações que esse encontro de campos se torna necessário, em termos críticos e propositivos. Uma descoberta não de um campo especificamente, mas da própria história.

Uma das operações entre a gravitação da história e da psicanálise, na busca por uma emergência de ambos os lados das questões – seja qual for o lado em que estejamos

– foram posições articuladas por Frantz Fanon; aqui, o pensador negro coloca um pouco das conclusões e estudos que entrelaçam essas experiências amargas, que assentam e demandam implicações históricas de cunho prático e social. Tanto o preto, o dito escravizado, em sua inferioridade forçada, como o branco, servo da ilusão de sua superioridade, se comportam sob a bússola que orienta os caminhos mais neuróticos a serem percorridos. Assim, podemos ser levados a considerar o conjunto de alienações decorrentes dessas posições descritivas que os termos psicanalíticos fomentam.[8] Nesses termos o racismo é neurótico, tanto para os que se defendem dele quanto os que o produzem e o fazem. O racismo ocidental é um ato contra a dança, a música e a alegria africana.

Herder estabelecerá dimensões históricas nessas direções em que o abuso do consciente na história punirá a si mesmo.[9] Herder nos ajuda a pensar que o problema é a noção universalista trabalhada distante das várias posições que se inserem plurais e desconexas em sua distribuição orientadora de sentido único. Ou seja, impor particularidades sobre o conjunto refletido como imagens universais é que é o problema; a inteligência que envolve as generalizações produzem, ao mesmo tempo, sua estupidez. Essa posição perpetuadora de uma só voz que se entende tão dona da sua cultura, da cultura dos outros e das culturas que ainda nem nasceram acaba existindo assim para sustentar carências intelectivas de grandeza política e psicológica.

---

8. FANON, Frantz, 2008. p. 66.
9. KOSELLECK, Reinhart, 2013. p. 149.

As culturas só existem em sua pluralidade e a percepção de seus conjuntos fortalece emblemas relativistas em relação ao seu próprio conteúdo concretizado. O pensamento de Herder é um passo na gênese do pensamento hermenêutico, tendo um pé fora da curva e outro dentro, curva essa onde a linguagem não é uma expressão de valor específico, conservadora, pois gesticula impulsos em seu mundo próprio, vivente.[10] Pensando assim, existem acúmulos da consciência na história – uma água purificada, transparente, com um ótimo gosto, mas com um cheiro horrível, situação paradoxal que nos força a invenção do inconsciente; ou mesmo de sua descoberta.

Pelo viés dessas passagens, percebemos o impulso que essa "aventura" nos permite alcançar. Essa perspectiva psicológica-histórica é viva, mas esquecida, muitas vezes, pelo receio de reduzirmos a história, ou melhor dizendo, uma teoria da história, a fenômenos psicológicos, como se não tivesse abordagens bem sucedidas que desmentem esse medo. Esse temor se transmite, ao nosso ver, mais ligado a um tipo de conservadorismo singular e manipulativo, do que como parte da manutenção e defesa do patrimônio do historicismo – em seus sentidos de caráter político, metodológico e imaginário que a questão mobiliza.

Dito de outro modo, temos uma aparência de, ou um real interesse, preservar o campo da história ligado às suas diversas autonomias e realidades em relação a outras disciplinas como um lugar específico de conhecimento. Mas o que temos é um homem, geralmente branco, acuado atrás de uma mesa – uma espécie de "barata" do Kafka – trancado em sua sala, assinando documentos que chegam por debaixo da

---

10. DENBY, David, 2005.

sua porta; pois não a abre, tem vergonha daquilo em que foi transformado e pensa que essa condição poderia assustar os outros, quando na realidade os outros já sabem que esse sujeito se transformou em uma "barata" kafkiana há muito tempo. Só lhe faltava espaço para exercer tal adjetivo social invertebrado.

Fica ainda mais explícito quando essa atitude se torna muito similar à de Auguste Comte diante das transformações da Revolução de 1848: sem sair de casa, olhando os acontecimentos da janela de seu quarto, "amedrontado" com a realidade e a história viva lá fora.[11] Ou seja, é dessa condição humilhante que queremos tirar o historiador e a historiadora, para que fujamos deste destino que nos espera tranquilamente com o passar dos anos. Uma consequência óbvia, devido ao nosso antigo caso mal resolvido com o positivismo há mais de um século, realidade que está borbulhando dentro do nosso "conceito" de historicismo e da realidade histórica dos fatos.

Trazemos outra questão, um exemplo típico desse fato, um encontro entre a "psicologia" e a história, podendo ser visto nas palavras de Karl Marx em um processo de gênese dos conceitos e de construção de campos disciplinares, quando as divisões não estavam bem estabelecidas ainda. Isto é, posição fulgente, se reconhecermos que a inveja pode ser articulada ao campo da psicanálise e como esse construto psicossocial pode erigir enquanto valor articulado indevidamente a um movimento social e histórico, digamos, se construindo sob a aparência de justificativas que não se sustentam, se forem analisadas profundamente, ou mesmo por alto. E, nesse caso, lembramos que posições psicológicas

---

11. ARON, Raymond, 2000. p. 251.

também fazem história, atrapalhando a performance dos idealismos mais devotos a concretizações reais em seu aspecto social transformativo e igualitário.

Ainda reiterando, para instituir os valores convergentes propriamente ditos aqui, sabemos muito bem que na época de Marx o desenvolvimento tanto da psicanálise quanto da psicologia estava em um processo ainda bastante aquém de metodologias ditas "avançadas" para se constituir enquanto "ciência" ou "cultura" bem delimitada.

Isso não quer dizer que um autor como Marx dispensasse essas conexões, isso se levarmos em consideração o que a noção de inveja carrega dentro de si enquanto medida que pode ser psicanalisada de um lado ao outro. O autor desenvolve uma tomada de consciência sobre um tipo de comunismo que faz história, ao mesmo tempo que não favorece as causas propriamente comunistas. Sobre isso, temos algumas justaposições em curso. Vejamos:

Este comunismo – que por toda a parte nega a *personalidade* do homem – é precisamente apenas a expressão consequente da propriedade privada, que por sua vez é essa negação. A *inveja* universal constituindo-se enquanto poder é uma forma oculta na qual a *cobiça* se estabelece e apenas se satisfaz de um *outro* modo. A ideia de propriedade privada como tal [propriedade] está *pelo menos* voltada contra a propriedade *mais rica* como inveja e desejo de nivelamento, de tal modo que estes inclusive constituem a essência da concorrência. O comunismo rude é só o aperfeiçoamento desta inveja e deste nivelamento a partir do mínimo *representado*. Ele tem uma medida *determinada limitada*.[12]

---

12. MARX, Karl, 2008. p. 104.

Na medida em que estamos vivendo os vários andares, processos e fases do capitalismo, podemos perceber que este fenômeno social e histórico se constituiu sobre nossos ombros, favorecendo a construção de uma sociedade que estabelece ousadias que reforçam seus valores enquanto modelo político e cultural em seu aspecto mais medíocre. O movimento comunista, por isso mesmo, não está imune a essa reprodução, seja qual for o nível da esfera humana em que estejamos. O "comunismo rude" de Marx pode ser visto como o comunismo "tosco" que muito se encontra por aí, isto é, fileiras ditas comprometidas com as concepções emancipatórias da sociedade, mas que disfarçam sua atitude na "radicalidade", encontrando no comunismo uma aparência necessária para articular suas frustrações e imediatismos mais pueris, se escondendo atrás desses pressupostos, buscando alcançar outros interesses, muito além daqueles aos quais Marx esteve comprometido por toda a sua vida, de maneira geral. A condição pelega na esquerda é uma ontologia criadora de todos aqueles arranjos burocráticos, tecnocráticos, que não precisavam existir, pois são uma apelação produzida pela ignorância daquela matriz preguiçosa de cunho inteligente e perspicaz, porque é oportunista.

Sabemos que utilizar táticas do universo da direita e até mesmo suas estratégias pode ser válido e bem explicadas, devido ao contexto, mas o que nos surpreende não são essas jogatinas do poder, mas sim a perpetuação dos valores da direita, enfatizando sua cultura de forma aberta, enraizando suas silhuetas sem se dar conta, pelo viés psicológico da questão. Assim sendo, estamos amarrados a um mundo "engomadinho", embranquecido. Portanto, temos aqui um repertório cultural cujo rumo parte destas pessoas brancas nem mesmo quer seguir, do qual se envergonham de pertencer e de, em parte, ter sido forçadas a exercer. Ademais, muitas pessoas da esquerda "surtaram" e perderam o rumo, em alguns casos, esses procederes são tristes de observar e, até mesmo, de reconhecer. Hoje, podemos dizer que a esquerda tem uma versão talvez nunca vista na história, tamanha a hegemonia do padrão dos fatos. A esquerda hoje tem sua versão ridícula. Pois muitos passam pano na mediocridade para aumentar seus quadros militantes ou confortar e sustentar sua esperança de cunho psicológico ligado às nomenclaturas do chamado "superego social". Marx buscava contribuir com a construção de um processo histórico também psicológico, obviamente. Hoje, mesmo os historiadores e as historiadoras que defendem as ideias de "realidade histórica" e "processo histórico" nada fazem em nome desses conceitos; até mesmo se assustam quando são resultados desses mesmos procedimentos com o passar do tempo.

Aqui, situamos uma derradeira ressalva. Para evitar esses procedimentos, uma aproximação entre a história e a psicanálise pode servir. Nem tanto para o cânone historiográfico, mas para auxiliar uma história dos que não tem uma história garantida. Assim como na história do rap, nada está garantido e o perigo é condição permanente na vida; viver sob a condição de tensão é elemento básico da existência, por isso a paz na comunidade que vibra nos acordes da viola é a manifestação de outro conceito de paz, que as outras classes sociais pouco estão capacitadas a entender, posição que a teoria do rap pretende ajudar a captar e descrever, trazendo alguns elementos para essa posição de conhecimento e emoção do conceito.

Já houve alguma aproximação entre a história e a psicanálise com posicionamentos que se transformaram também em cânone, servindo para estudos semelhantes aos nossos. São exemplos os estudos da *Escola de Frankfurt*, dentro de suas gerações, com Erich Fromm (e a volta de Herbert Marcuse ao historicismo de Hegel no final da vida)[13] e também a *História do estruturalismo*, de François Dosse, em perspectivas menores.[14] Seria justo lembrar das importantes contribuições de Michel de Certeau, que combinam história e psicanálise, ciência e ficção; pelo qual podemos então dizer: *Facção Central* como uma psicanálise para a história cuja ficção gera cientificidades para as humanidades. Estas conjecturas são medidas históricas, basta lembrarmos da contribuição negra nesta combinação de campos, como a do médico psiquiatra Juliano Moreira (1872 – 1933); onde é geralmente considerado o fundador da disciplina psiquiátrica e da psicanálise no Brasil, lembrado também como um patrimônio brasileiro, dado que foi o primeiro professor universitário a gesticular sobre a importância desta teoria, incorporando a teoria psicanalítica no estudo e ensino da medicina.

Temos também as performances de Michel Foucault em seus vários trabalhos, dentre os quais destacamos um, cujo título (em sua tradução) dialoga muito com alguns textos literários dos fenômenos sociais que o emblema *Facção Central* (em suas manifestações teóricas e discursivas) destaca como condição de estilo de narrativa e análise do mundo,

---

13. WIGGERSHAUS, Rolf, 2002.
14. Destacamos a história do estruturalismo em dois volumes de François Dosse.

como a vida cotidiana, emblemática, diante das condutas societárias que só existem na presença da morte dos outros (e de si mesmo) perante o sistema jurídico, que faz a polícia funcionar numa relação diacrônica e sistemática criando patronos e servos. O livro coordenado por Michel Foucault que intui essas entradas se chama: *Eu, Pierre Revière, que degolei minha mãe, minha irmã e meu irmão.*[15] Nessa figura de linguagem da vida, temos, então, articulações de algumas dessas descrições entre a história, a psicanálise, o tempo, o direito e o rap em posições que se dissolvem envolvidas em um mesmo conteúdo.

O nosso último exemplo é a *Escola dos Annales*, com destaque ao termo *psicologia histórica*, termo usado por Henri Berr em 1900. Trata-se de uma construção histórica que posteriormente ficou mais bem conhecida com o nome de história das mentalidades.[16] Todas as ocasiões transcritas aqui são casos para se observar relações que produzem muitos casamentos.

Ocasionalmente, passa a existir uma série de relações produtivas que podem ser explicadas antropologicamente quando se relaciona a história com a psicanálise, produzindo a compreensão de que a política se articula a dimensões psicológicas que promovem e impulsionam condições culturais. O conjunto litúrgico que produz a sociedade se manifesta no mundo da representação em sua manifestação indizível, mas palpável. É uma espécie de conhecimento que favorece um conjunto de explicações viáveis e delineadas. Edward F. Edinger nos traz reflexões importantes sobre esses pontos:

---

15. FOUCAULT, Michel, 1977.
16. BURKE, Peter, 1992.

A história e a antropologia nos ensinam que a sociedade humana não pode sobreviver por muito tempo, a menos que seus membros estejam psicologicamente contidos num mito central vivo. Esse mito proporciona ao indivíduo uma razão de ser. Às questões últimas acerca da existência humana, ele fornece respostas que satisfazem aos membros mais desenvolvidos e perspicazes da sociedade. E quando a minoria criativa intelectual está em harmonia com o mito predominante, as outras camadas da sociedade seguem sua liderança, chegando mesmo a poupar-se de um confronto direto com a questão fatídica do sentido da vida.[17]

Edinger trabalha sobre posições que envolvem tanto uma história da consciência como de uma condição humana na sociedade, para desenvolver o sentido da vida em sua manutenção, e as possíveis transformações do humano sobre o humano. Podemos perceber que uma criança e um adolescente sem perspectiva de vida, como, de forma geral, as letras do *Facção Central* retratam, seguirão a lógica do consumo enquanto referência de felicidade que lhes foi vendida, o que acaba por definir um massacre genocida sobre essas populações, em uma sociedade na qual o cárcere e a cultura carcerária arranjaram seus papéis fundamentais. A teoria do rap faz a popularização dos fatos sociais e históricos. Esse viés tem mão tripla e os rappers também precisam entender essa temporalidade política. Muitos agentes da cultura do rap e dos seus movimentos acabam achando que estão imiscuindo-se sobre temas que não lhes cabe abordar e participar. Assim convencidos, abandonam suas potências de vida mais

---

17. EDINGER, Edward, F, 1984. p. 9.

profundas, pois são adormecidas pelos amigos do sistema (que não se apresentam assim).

Temos os vários processos culturais que criamos para sustentar essas narrativas da vida, promovendo postulados políticos particularmente reconhecidos, cuja medidas passam a ser fundamentais para o historiador e onde a psicologia e o conhecimento histórico fazem mais política do que a própria política. As políticas de conciliação de classe se expressam sobre esses atributos antropológicos. Colocando os interesses de fundo dos valores em uma sociedade pautada pela política eleitoral e reformista, onde a esquerda e a direita, situadas nesse campo, encontram-se numa mesma concepção de mundo, sempre a se realizar sobre qualquer ímpeto, se impondo em escala sempre maior.

Mas, ora, não que não existam governos diferentes, dentro deste espectro, mas o que estamos a denunciar é o marasmo que garante os abusos de poder e os privilégios exercidos durante a história dos parlamentos, que nenhuma das partes (esquerda e direita) está em condições e interessada em retirar e restringir. Onde o monopólio da violência é sempre executado pelos mesmos agentes e personagens de classe, é a isso que estamos chamando atenção. A democracia em que vivemos não nos proporciona discordar e restringir os poderes daqueles que podem distribuir genocídios conforme seus interesses e caprichos. Jair Bolsonaro e seus ministros decrépitos somente executam procedimentos de poder que qualquer presidente poderia executar em seu lugar. E nos parece que a população, de forma geral (mas principalmente os setores da saúde que foram atacados pelo desgoverno do bozo), não quer mais ficar dependente desses atributos de gestão social, submetida a esses valores da democracia, e é nessa hora que a esquerda pelega acaba demonstrando sua axiologia social e concepção de mundo, que está restrita aos modos de ação e imaginário que a direita defende. Por isso, a pluralidade dentro da esquerda é extremamente necessária, porque estes setores mais críticos e éticos (como os movimentos sociais) podem fazer esta denúncia, na busca de oferecer programas que podem começar a construir uma longa caminhada, mais com o povo do que sobre o povo, sacas?

Sabemos que os ratos da extrema-direita jamais respeitaram as regras da democracia e, como aconteceu nas lutas antifascistas que se iniciaram em Porto Alegre em 2020 e se espalharam pelo país, só recuam quando o gato antifascista – mesmo sob a pandemia – entra em ação. Podemos observar que esse foi um dos poucos momentos do governo de Jair Bolsonaro em que sua corja respeitou o repertório da esquerda em sua faceta democrática e em sua versão de solidariedade combativa.

Explicando um pouco esses casos, situados por Edinger: um presidente como Jair Bolsonaro no Brasil, nessa horrenda combinação, está representando um lugar que legitima ações em massa, o que contempla um pouco a medida sensata de nossas preocupações no momento. O presidente vai lá e fala muitas besteiras e sandices que, para além de absurdos, expressam desumanidades, condicionam e estimulam posições ideológicas neo-reacionárias (ao estilo latino-americano), articulando poderes neofascistas, neocoloniais, neoliberais, milicianos, genocidas e neonazistas. E, digamos mais, esse presidente nos fornece relações *neorracistas*. Conceituação que uma teoria do rap pode descrever muito bem.

Também denunciamos as resignações encontradas no dito "rap de direita" estimulando um funk apropriador da cultura, para a contemplação de um mundo que funciona sob as regras de uma poluição branca. Seguindo as análises de Edinger, Bolsonaro e a cultura bolsonarista podem não parecer nada, apenas um desabafo machista, frustrado, alienado e enrustido, destinado a sustentar uma opinião arregaçada, mas de fato acaba legitimando tanto quem se reconhece nessas ações quanto libertando essas atitudes, mobilizando sentido. Onde o atuante ou se identifica com seu líder, ou se aproxima desse líder, justamente para poder ter carta branca, para agir em cima dessas posições, perpetuando seus interesses, indo muito além do mito de aceitação, motivação e acolhimento psicológico constituído em sua mente, distribuído pelos setores mobilizadores que essas categorias ideológicas permitem, sendo assim esse atuante está preparado para ir além dessas ideologias, radicalizando ainda mais o discurso do seu líder. Através de seus membros, Bolsonaro facilita o caminho para que seus seguidores construam uma cultura, ainda em aberto, sem nome definido, que está para além de Bolsonaro, em alguns casos, e também para além do bolsonarismo. Diante dessa análise de conjuntura aqui introduzida, se preparem para as emergências da sociedade brasileira que arrastarão essas estruturas em busca de seu aperfeiçoamento, não em busca de seu abandono.

Os mais "talentosos" dentre eles, ou seja, os mais estúpidos e carentes, psicologicamente fascinados e contidos num mito central vivo, proporcionam a esse "indivíduo" uma razão de ser, fazer e realizar, satisfazendo e promovendo o sentido de suas vidas, que até então estavam acuadas, vazias, mas que agora, devido aos valores simbólicos que foram conquistados de um lado, estão apaixonadas pela política do baixo clero e clamam por sua aparente proteção; entregam suas vidas a essas ilusões concretas.

Assim, acabam promovendo uma democracia que se perpetuou mais simbolicamente do que diretamente, e que, por ter sido assim, acaba facilitando a condição desses setores de se aperfeiçoar e se desenvolver com o tempo. Uma hora intimidando a democracia, em seus meios de ação, outra hora corroendo os direitos republicanos e institucionais.

Ademais, as estatísticas estão aí aos montes para confirmar essas conexões explicativas dos retrocessos que o governo de Jair Bolsonaro impulsionou apoiado por um conjunto significativo da sociedade governante e governada.

Mas o que destacamos é que nosso interesse aqui é outro. Não é fazer uma espécie de revisionismo do que já se constitui como legado, mas anunciar um renascer, de pontuar relações que produzem efeito nos dois lados da questão. Uma delas demonstra que a crise da disciplina de história está posta num mesmo movimento que a da sociedade. Outra, aparece quando não identificamos nenhuma condição transgressora incorporando uma crítica pontuada pelo "*espetáculo do circo dos horrores*".

Não esqueçamos que estamos no Brasil, em um momento explosivo de incompetências governamentais, vulgaridades e cheia de "ismos" à direita. Basta lembrarmos o ex-secretário da cultura, Roberto Alvim. Diante disso, nos insurgimos contra um nazismo popular, que personagens da direita, na sociedade brasileira, insistem em perpetuar e legitimar sorrateiramente por vezes com o pretexto de o fazer em nome da liberdade de expressão. Quando essas ideologias não são perpetuadas por ministros, são publicizadas por *podcasts*, que acabam educando a linguagem política da juventude, prestando um desserviço à sociedade. Por isso, é quase inevitável recorrer a outros setores e apostar ou se agarrar a outros "ismos" à esquerda e novos "ismos" que rimam com a democracia e com os interesses do povo das quebradas. Nesta condição estamos, não para realizá-los, como vontades sobre nós, em si, mas para sobrevivermos e pensarmos as melhores formas para resistir e sair desse pântano que nos metemos.

II
DISCURSO HISTÓRICO E A LITERATURA PÚBLICA

A oralidade é uma manifestação pública. Para GOG (Genival Oliveira Gonçalves) o rap é um chamamento público, provocando discussões a serem feitas, engajadas e respeitadas, cujos escritos e discursos históricos ganham interpretação prática que vai além das regras de controle que a historiografia coloca. É um movimento recebido avidamente por um certo público. Uma das regras da democracia é a de articular a força de uma certa maioria, por um determinado tempo, sobre a sociedade. O caráter ativo nessa construção se utiliza de uma narrativa na qual o discurso histórico não poderia ficar para trás, deixando de contribuir e participar dessa edificação social. O discurso violento nada mais é do que um aviso da história. E o aspecto público dessa condição rima com a palavra *política*. Podemos sempre perguntar: quantas línguas estão presas dentro da língua portuguesa e quantas políticas estão buscando seu espaço público, mas são sufocadas por uma *politicada* eleitoral absoluta e dominadora?

O trabalho do historiador e da historiadora tem suas várias partes e momentos, mas é sua atividade prometida ao discurso que lhe fornece as características básicas para se tornar uma literatura de caráter público. A assimilação do conhecimento tem suas identidades próprias. Muitas vezes os meios de conduzir a história, seus suportes de transmissão, formalizam as noções de conteúdo interno que o historiador tanto espera que seu leitor assimile. Podemos dizer que os meios de divulgação moldam o conteúdo histórico que se está oferecendo de tal forma que acabam colocando outras hermenêuticas de conhecimento que são oferecidas ao consumidor, alunos, alunas e leitores; como pontos de vistas diferenciados que são ofertados sobre a análise de um mesmo objeto. Muitas vezes essas relações entre a arte e a ciência se fazem assim ao caírem em extremos dogmáticos, porque educadores, historiadores e historiadoras possuem um certo *delay* de conhecimento sobre o que seria a arte, a ciência e o que nasce dessa relação em nome da arte e da ciência; considerações essas que podemos chamar de poder político e teórico.

Agitando a questão da identidade e não identidade a partir do pensamento de Paul Gilroy – que discute a essência e a subjetividade de ambas, de maneira geral –, onde temos a construção de uma identificação das culturas negras, obviamente temos processos que se fazem trazendo um potencial de significados históricos e sociais em nosso contexto.[1] Esses conjuntos simbólicos e culturais passaram por mecanismos de diálogos estabelecendo trocas que beneficiaram uma ligação de mundos até então não vistos.

---

1. GILROY, Paul, 2001, p. 172.

DISCURSO HISTÓRICO E A LITERATURA PÚBLICA

Nesse caso, temos uma espécie de historicismo popular que tanto fascinou quanto estimulou uma busca pela história daqueles que foram expulsos dos registros oficiais, principalmente daqueles cujos feitos foram tidos como grandiosos para a civilização.[2] Se a história consegue nos educar, suas revoluções buscam acelerar esse ensinamento com mais eficiência.[3] Nesse caso, o rap busca uma dimensão nas palavras que justifique as mudanças históricas mais significativas. E, sob essas escolhas, encontram-se descrições de sentido polissêmico da gramática social, sua performance se traduz como um desespero alegre, dramático, triste, embalado, sério e debochado; em seu arranjo denunciante e também revolucionário.

É impressionante perceber o quanto somos provocados a pensar a história quando esses temas surgem de forma bem delineada sobre o sentido do conteúdo do que estamos fazendo. Nos mostrando que existe uma carência profunda de narrativas novas que entrelacem esse movimento, nos mostrando que a teoria do rap enquanto método e estética aplicada pode esmagar um conteúdo conservador da história. Assim, a história se torna uma canção e o rap uma história.

Uma artista cubana, Harmonia Rosales, permeando investidas históricas na linha de Paul Gilroy, repercute um sentido quase mágico aos nossos olhos. Seu trabalho busca imaginar como seriam as obras clássicas da pintura se a estrutura dominante fosse mais igualitária em seu aspecto feminino e negro. Ao mesmo tempo que temos uma inversão dessas relações, a pintora provoca um debate significativo.

---

2. Ibidem. p.176.

3. Nossos estudos sobre Reinhart Koselleck em *O conceito de história* e Joseph von Görres em *Teutschland und die Revolution* nos ajudam a defender essas relações da história tendo como mestra o método de ensino vindo do axioma da revolução.

Uma das obras ponderadas por Harmonia Rosales é "A Criação de Adão", de 1508, pintado por Michelangelo. Onde a artista negra indaga "Não estávamos lá? Será que todos nós não ajudamos a construir essa terra em que vivemos?".[4]

Essa indagação se torna profunda se formos perceber qual é o papel de um discurso histórico que se transforma em literatura pública, história pública, que acompanha as transformações sociais que o espaço público e social sofre pelo próprio movimento histórico. Reconhecer esses trabalhos nos permite construir uma história que está ali para ser construída.

Em um primeiro momento parece não haver documentos e registros dessas histórias e, ora, quando isso acontecer, podemos nos resignar "naturalmente". O problema é quando essa atitude se torna um exercício submetido a uma lógica que busca esquecer, e se faz assim mais pela falta de interesse do pesquisador sobre os fatos do que por ser realmente uma realidade histórica. O historicismo nessas ocasiões nos prega uma peça, por isso não podemos acreditar cegamente nele.

Caminhando, ainda pelo mesmo lado da rua, daquela quebrada onde Holly Lang retrata os degraus da vida de *The Notorious B.I.G*5, onde existe uma história da amizade, pois seus amigos são capazes de serem presos no seu lugar,

---

[4]. ALVES, Soraia. *Pintora cubana recria obras de arte clássicas com mulheres negras como protagonistas*: Trabalho de Harmonia Rosales busca imaginar como seriam as obras clássicas se a estrutura dominante fosse feminina e negra. Em 6 de Setembro de 2018. B9 Conteúdo e Mídia Ltda. Disponível em www.b9.com.br/96304/pintora-cubana-recria-obras-de-arte-classicas-com-mulheres-negras-como-protagonistas/.

[5]. LANG, Holly, 2007.

devido às suas chances na vida serem maiores do que as deles e onde, nesse movimento, libera-se a cultura de um povo, colocando sua condição de libertação e posição moralizante – nesses termos a história da amizade possivelmente pode ser entendida pela dimensão filosófica do rap –, trazemos outros exemplos. As histórias de Marcos Fernandes de Omena (Dexter, Oitavo Anjo) e Cristian de Souza Augusto (Afro-X) apontam o bisturi que vai perfurando essa carne humana ontológica do rap.

As letras de rap têm um caráter, em grande parte dos casos, de estarem situadas no campo de uma amizade ampla enquanto conceito geral e específico. A musicalidade do rap é autobiográfica, o enredo do mundo perpassa as experiências pessoais e do que pôde ser aprendido sem precisar passar empiricamente pelos fatos teorizados e denunciados; muitas vezes teatralizado em sua contorção sangrenta e violenta, pois é para assustar. A vida vista e vivida em condições extremas leva o repertório básico do rap, também chamado *hip hop*, a ter aspectos que carregam um estado de atenção e descrições de alertas.

A vida na rua ganha um mapa poetizado, revelando os perigos que estão dentro da própria condição de vida das pessoas que escutam, das que apreciam sua cultura, das que são o rap e, obviamente, das que fazem rap. Ruas nas quais os profissionais dessa arte são perseguidos legalmente, porque segundo as regras de um sistema que faz um pré-conceito ser naturalizado como conceito, o rap é "música e cultura de bandido". Sendo assim, já se espera que nenhum rapper seja inocente e, logo de saída, sem nada ter sido feito, pode ser considerado culpado. Dessa forma, a sociedade à sua volta está de tocaia, esperando qualquer motivo banal para aprisionar, silenciar e distanciar – quando não para apagar a tiros – esses talentos; aqui temos que dizer que a crueldade é artigo de luxo para os operadores do sistema vigente.

Agora, na mesma pegada de Harmonia Rosales. Quando pensamos a história moderna, a situamos em dois campos: a história das revoluções burguesas e a história da música clássica. Fatos, basicamente, considerados "brancos" e "elitistas", mais pela narrativa que envolve esses eventos do que por característica dos próprios acontecimentos. Podemos citar autores negros (pretos e preta), como o esquecido Vicente Lusitano (1520 – 1561); o compositor William Grant Stil (1895 – 1978), com suas mais de 150 obras, entre sinfonias, balés, corais e óperas; o compositor e maestro, conhecido também como "Black Mahler", o Inglês Samuel Coleridge-
-Taylor (1875 – 1912); William Levi Dawson (1899 – 1990) professor, compositor e musicólogo; Florence Beatrice Price (1887 – 1953) sendo considerada pioneira quanto mulher negra compositora, sinfônica, da música clássica norte-americana; o músico conhecido como *Black Mozart*, que tinha talento, tanto quanto Wolfgang Amadeus Mozart (1756 – 1791), sendo um dos personagens que influenciou Mozart, este compôs obras estritamente relacionadas ao período em que estavam próximos – a semelhança de estilo e temáticas técnicas entre ambos é bastante reconhecida.

Chevalier de Saint-Georges (1745 – 1799) (Black Mozart), nasceu em Joseph Bologne, filho de um escravizado africano e proprietário de uma plantação francesa na ilha de Guadalupe. Esse personagem participou da Revolução Francesa no papel de coronel, podendo formalizar o primeiro regimento formado por pretos em toda Europa naquele acontecimento.[6] Evento esse bastante cultuado, mas pouco subjetivado. Pensar assim é situar uma eterna porta aberta ao racismo epistemológico, pois se temos a comprovação de personagens negros dentro dela, nada mais óbvio e justo do que esse evento ser visto e reivindicado como algo ligado aos meus antepassados; onde a perspectiva da representação garante espaço social e histórico aos povos que tiveram papéis nesse acontecimento. Chevalier de Saint-Georges (Black Mozart) pode ser umas das primeiras expressões do que pode representar o que chamamos de "Super Star" no rap hoje, com sua entonação negra, pelo viés da música clássica. Walter. E. Smith nos lembra que Mozart foi a Paris estudar suas obras e situa bem esses casos.[7] Digamos, então, que a participação histórica dos negros nos acontecimentos da história moderna, como na Revolução Francesa, ainda é um caso mais negado do que estudado; e o problema é quando sabemos que essas "verdades" são garantidas pelas notas de roda pé de um certo historicismo e por pretos e pretas que se deixaram influenciar pela preguiça branca, imposta pelo repertório embranquecido que polui nossa imaginação criativa e crítica. Uma vez que não esqueçamos que o racismo também é um ato de preguiça, de conforto emocional e acomodação mental.

Podemos encontrar em Johannesburg, na África do Sul, uma sinfonia de concertos, composta somente de músicos negros, tocando "Black Mozart". Caso visto como raro e absurdo no Brasil, uma vez que não temos estruturas

---

6. BANAT, Gabriel, 2006.
7. SMITH, E. Walter, 2004.

antirracistas que possam garantir a possibilidade de tal evento. Não tivemos o Apartheid no Brasil para sustentar outra forma de segregação que dure mais no tempo e gesticule status internacionais; visto que o racismo brasileiro precisa ser covarde para se sustentar na temporalidade histórica, como no elo narrado nos versos do *Apartheid do Dilúvio de Sangue*, do *Facção Central*, que também passa pelo *Salmo 109* da Bíblia Sagrada. Muitos "brancos" sabem que se estão ocupando lugares de renome e respeito dentro da música considerada erudita não é por causa de seus talentos, mas por serem considerados brancos, e para garantir essa entonação de raça e classe, muitos articulam saberes para eliminar talentos negros, seja de que forma for, pois de sua boca sai a estrutura mentirosa que o enganador articula em nome da garantia de sua verdade.

Objetivando a questão por esses andares, podemos dizer que de um lado – pelo aspecto de uma "classe média baixa" perdida e acomodada nos termos atuais – devido às condições sociais postas, não se faz mais "militância e intervenção cultural", mas se busca, em primeira instância, fazer descargos de consciências a todo momento; de outro lado, se produz relevância e culpa medíocre que se transforma em nossa última condição de ação. Sendo assim, sua única forma de agente como condição de transformação social acaba se transformando no lamento e no choro do privilégio do crocodilo.

O personalismo acaba encobrindo a comunidade e as relações coletivas; e a psicologia neoliberal nos traz a sensação de que estão todos e todas muito preocupados com as questões sociais emancipadoras, mas, no fundo, os resultados sociais desse engajamento a médio prazo apresentam o que de fato estamos construindo: muito marketing e muita publicidade existencial.

O engajamento de um "Sartre", por exemplo, nessa lógica, é transformado em uma responsabilidade a serviço das mesquinharias, que aumentam ainda mais os processos de desigualdade social e brutalidade da condição infantil e adolescente das gerações que nascem. Dessa forma, nos transformamos muito mais em um sintoma de uma sociedade que adoeceu do que um empreendimento militante e solidário que possa sustentar, colocar em movimento e dar a motivação básica às boas propostas que estão por todos os lados da sociedade esperando nossa legitimidade.

São aspectos, esses, sobre os quais o rap sabe rimar muito bem, denunciando a vacilagem que nasce da crocodilagem dessa chantagem psicológica e social que está a serviço de fontes viciadas em seus projetos de transformação social. E digamos mais: uma branca, um branco, deve trair suas origens e suas raízes de classe, gênero e posição racial, sem ficar se lamentando; não deve é aceitar a condição que lhe foi imposta desde sua infância, por toda sua vida física, corporal e imaginária; essa traição deve ser produzida em suas condições existenciais mais profundas e particulares. Principalmente quando esse agente consegue compreender essas relações opressivas que são gerenciadas e gesticuladas por uma vontade estrutural que se impõe sobre si mesmo, sustentando toda a sua vida, articulada com o policiamento social que vem de dentro de si e se encaixa com os movedores estruturais de fora, do mundo externo, para sustento deste tipo de sociedade, que também provoca sua infelicidade mais rigorosa de maneira geral e específica. Sabemos que o Brasil nos disponibiliza vários mistérios conceituais para identificação em sua história quando não traçam dificuldades teóricas de entendimento básico. A distância entre o que podemos entender do Brasil, quanto a sua história, e o que podemos não entender tem uma escala muito próxima.

Equivale a dizer que esses problemas fazem com que os historiadores e as historiadoras não dispensem o "historicismo", digamos, de cunho próprio, de herança social e psicológica, mas que busquem repensá-lo, reformulá-lo ou até mesmo revolucioná-lo; e o primeiro passo para isso é colocá-lo em situação de dúvida, de reflexão, de crítica e "indisciplina-lo".

Isto é, uma "indisciplinação", e talvez essa palavra nem exista, mas é justamente isso que estamos procurando, pois a língua é viva, está em movimento e a nosso favor, depois ela vai se adequando ao dicionário, à gramática e, quem sabe, aos conceitos urgentes que a disciplina da história nos pressiona a produzir. Esses elementos produtivos podem dar conta de nossos interesses políticos, históricos e culturais que vão além desse marasmo que nos engole; no momento, é preciso reagir, pois é assim que vemos a posição de Arthur Lima de Avila.[8] E, ora, nada aqui precisa vir necessariamente em ordem, pois o mais importante é que esses casos se produzam e aconteçam. Isto é, que pratiquemos mais o passado do que o passado histórico.

Por esses meios, a representação conflituosa que a história carrega não ofende aquele tipo de pessoa, aquelas que são personagens vivas de suas narrativas, pois a realidade

---

8. AVILA, Arthur Lima de, 2018.

dos subalternos, dos marginalizados, das minorias culturais, dos povos violentados é carente de uma história escrita tanto por eles quanto por quem anda com eles – por mais que seja quase um lugar comum reclamar essa autenticidade. Os historiadores e as historiadoras que constroem esse elo dos esquecidos têm um papel fundamental nesse tipo de história. Venham eles da onde vierem. Posição que pouco importa nesse caso; seja por terem passado em algum concurso público, por militância, identificação, pertencimento cultural, aspecto estético político, concepção de mundo ou compromisso com um conjunto de maneiras de fazer história, possibilidades subjetivas e plurais.

Alertamos que os próprios arranjos da questão importam menos, na medida em que esses agentes estão fazendo alianças e estratégias – nos vários aspectos que a palavra sugere; pois estabelecer um parâmetro hierarquizante, "quem vem da onde", dentro dessas posições aqui descritas, estabelecendo anteposições, facilita todos aqueles modos operantes de uma "esquerda" que faz inimigos e intimidações nos lugares errados. Ou mesmo, dizem-se serem adeptos das críticas construtivas, mas, ora, no fundo não estão construindo nada, e isso não é um problema, mas que se digam, então, meramente críticos, que, no fundo, acabam não tendo interesse nenhum com construções propositivas e ponto.

Aqueles historiadores e aquelas historiadoras que estão resignados a pensar, teorizar, transformar e se identificar com os problemas que a história coloca sobre esses grupos sociais, na busca de abrir espaços para que tais grupos possam desenvolver suas vidas sem que sejam muito atrapalhados, por um sistema que é histórico, têm o seu valor. Uma vez buscam algo que está para além de uma emancipação meramente política, na medida em que lutam por uma emancipação que passa por dentro das pessoas, turbinando suas vidas. Principalmente quando esses esforços conseguem dialogar com aqueles povos originários, junto dos trabalhos que envolvem, e estão bancando uma resistência enquanto modelo de vida e de história, em um exercício crítico ao capitalismo improdutivo e predatório – regra básica do capital do nosso tempo, pois o capitalismo tem mais a ver com moral e cultura do que com economia e ganância.

Para esses povos, a ideia de um discurso histórico que aborda suas histórias ligadas a uma literatura pública cumpre um papel quase que constitucional, em relação aos direitos já garantidos para esses grupos. Quando essas posições são ignoradas, os povos originários articulam parte do seu repertório de resistência utilizando práticas que são históricas: fazendo aliança entre eles, deixando para trás divergências antigas, para mobilizar uma postura combativa que defenda tanto sua cultura quanto seu território e suas vidas, estas que, no atual momento, estão situadas em um contexto no qual emerge um crescimento da política que vai na direção da direita à extrema-direita, constituída nos valores que esses campos protegem e articulam.

O impacto dessa política atinge a comunidade indígena como um todo. Constituindo de um lado um desrespeito a esses grupos, quando não uma posição "*blasé*" em relação ao extermínio desses povos e de suas crianças. Ademais, o governo Bolsonaro no Brasil representa um desses casos, em sua especificidade mais aguda, e, ao mesmo tempo, essas práticas têm sido um dos valores políticos de

todo um contexto da América Latina.⁹ Parte dos governos da Guatemala, Equador, El salvador, México, Colômbia, Bolívia e Honduras têm apoiado, não exatamente a política externa americana, a diplomacia internacional, mas o propósito de governos como o de Donald Trump e o bolsonarismo, digamos, um conjunto de valores e interesses que estruturam o corpo ideológico dessas gestões governamentais, em prol de poderem obter algumas barganhas com esse ideário e, com isso, é claro, mobilizar interesses contrários à causa indígena.¹⁰ Medidas essas que existem há muitos séculos nestes territórios(e mesmo com certa vitória eleitoral à esquerda não se elimina essas forças, pelo contrário, as fortalecemos na oposição da dialética dos fatos, unificando a direita com a extrema-direita, e seus derivados).

Todas as ferramentas explícitas e não explícitas estão sendo executadas, em processos que desarticulam instituições a médio e longo prazo. Também, nesse sentido, a curto prazo, temos todas aquelas ameaças golpistas, que toda a minoria ativa pode promover, mesmo estando sem ter no horizonte a sua realização concreta na sociedade. Por isso, em grande parte dos casos, os golpes se dão quando a dita classe dominante tem a impressão de que os governos situados não a representam, na medida proporcional ao seu poder e

---

9. Temos esta reportagem colocando um dos casos: *Índios se aliam a antigos inimigos contra planos de Bolsonaro na Amazônia*. João Fellet - @joaofellet Enviado da BBC News Brasil à Terra Indígena Menkragnoti (PA) 2 setembro 2019 https://www.bbc.com/portuguese/brasil-49528317.

10. Diante desta reportagem podemos ver os elementos que constituem um processo de colonização que ainda não se encerrou por inteiro. América Latina, a aliada mais inesperada de Donald Trump. Gerardo Lissardy. BBC News Mundo 3 outubro 2019. https://www.bbc.com/portuguese/internacional-49927391.

reconhecimento de classe dirigente. Nestes anos de aumento "neocolonial", tanto essas diretrizes têm avançado que a CONAIE, uma das maiores organizações da América Latina, a Confederação de Nacionalidades Indígenas do Equador, declarou estado excepcional em territórios indígenas. Territorialidades estão submetidas agora à justiça indígena, devido aos ataques que seus territórios têm sofrido. Vemos ofensivas feitas por militares e policiais que em nome de seus governos têm promovido uma política de exploração, orquestrando um desrespeito às leis de suas próprias constituições. Tudo isso em nome das regras que o capitalismo predatório proporciona.[11] É diante desses desafios (que são ao mesmo tempo conjunturais e históricos) que os discursos da historiografia se transformam em literatura pública, atividade que desempenha um conteúdo prático, para exercermos a praxeologia. Querendo ou não, esse fenômeno se desenvolve assim, mobilizando sentidos políticos e usos do passado de uma história que se reativa com nossa participação ou sozinha.

Para efetuar esse jogo, podemos pensar no texto de Rodrigo Turin, *Entre o passado disciplinar e os passados práticos: figurações do historiador na crise das humanidades,*[12] que parece ir ao encontro dessas atividades – só o nome do artigo já é convidativo para uma conversa de frente – para lidar com os desafios aqui introduzidos. Rodrigo Turin identifica momentos cruciais que historiadoras e historiadores estão vivendo. Os desafios são grandes para se pensar uma disciplina e um "método" de fazer história por fora da conjuntura

---

11. https://conaie.org.
12. TURIN, Rodrigo, 2018.

cultural, política e tecnológica. Não basta dizer "temos um método reconhecido, logo, somos ciência".

Pensar assim nos levou a percursos minimamente duvidosos, onde o historiador não se reconhece e não é reconhecido, a uma sociedade que busca redefinir o lugar da disciplina de história, talvez não para extingui-la, mas para dar a ela uma funcionalidade operativa, cumprindo os interesses que reforçam versões muito restritas, de uma sociedade "humanizada". O pluralismo social de ideias e narrativas se tornam uma ameaça, principalmente a uma sociedade que precisa formalizar uma doutrina específica, onde todos e todas compartilhem de um mesmo ente, para poder produzir as ferramentas tanto de exploração quanto de desconstruções dos imaginários alternativos.

Paul Feyerabend fez o seguinte alerta, vejamos:

> O pluralismo das teorias e das doutrinas metafísicas não é apenas importante para a metodologia; também é parte essencial da concepção humanitária. Educadores progressistas têm sempre tentado desenvolver a individualidade de seus discípulos, para assegurar que frutifiquem os talentos e convicções particulares e, por vezes, únicos que uma criança possua. Contudo, uma educação desse tipo tem sido vista, muitas vezes, como um fútil exercício, comparável ao de sonhar acordado.[13]

Essas preocupações de Paul Feyerabend nos anos setenta do século passado, ganham cada vez mais espaços nos setores públicos ligados aos formadores de opinião. A concepção humanista não dá dinheiro, não enche iate e nem barriga; e a metodologia que se arrebente, dizem. A perversidade de

---
13. FEYERABEND, Paul, 1977. p. 71.

nossos dias sugere que nos expressemos assim. A tecnologia substitui os meios de ação da historiografia, em sua forma e conteúdo. Os professores e as professoras de história, desde o período colocado por Feyerabend, vêm perdendo seu prestígio social e sua condição de sobrevivência. O historiador logo estará, se já não está, fazendo rap, logo sob as mesmas regras de exclusão impostas sobre essa arte e cultura.

Essas implicações estão dentro de um mesmo pacote e ele é mais ou menos assim: de uma noção humanista racional que parece ter encontrado seu fim, e das disputas entre um capitalismo de cunho liberal e neoliberal que parecem disputar nossas vidas e transformá-las em mercadoria, como diria Achille Mbembe.

Isto é, a ideia de dignidade parece não ser mais o objetivo central dessas sociedades, onde a democracia se torna uma palavra vazia, pois seu conteúdo é extremamente desprezado, embora essa palavra esteja na boca de qualquer político e qualquer eleitor.[14]

É por essas e outras que Rodrigo Turin articula uma posição entre a ciência, a educação e a história, mostrando um pouco desse processo que vai se desenvolvendo, ou seja, uma preferência de investimentos públicos favoráveis às ciências ditas práticas e exatas do que às humanidades. Diante disso, o historiador e a historiadora se veem num caminho difícil e dramático, pois esses espaços podem nos levar para

---

14. MBEMBE, Achille. "A era do humanismo está terminando". 24 Janeiro 2017. Tradução de André Langer. O artigo foi publicado, originalmente, em inglês, no dia 22-12-2016, no sítio do Mail & Guardian, da África do Sul, sob o título "The age of humanism is ending" http://www.ihu.unisinos. br/186-noticias/noticias-2017/564255-achille-mbembe-a-era-do-humanismo-esta-terminando.

um tipo de história muito próxima a do documentário *Brasil Paralelo*, onde se trabalha a perspectiva da liberdade contra o direito de igual liberdade aos outros. De sorte que, diante dessas atribuições da conjuntura social, ou nos engajamos numa luta política que nos coloque de frente e contra as regras institucionais mais retrógradas e demais agentes financeiros desse jogo, ou algo vai ficar para trás, no caso, a vida do historiador e da historiadora, em sua dignidade, performance dançante e vitalidade dos saberes que lhe movem. As nomeações de sua sobrevivência, através desses eventos, nos colocam condições a serem postuladas, sendo manifestações que nos parecem ser extremamente importantes. Insistimos nisso, dado que, sem uma vida, em um sentido digno, que tipo de história se está a construir, ensinar e aprender? Pois nos parece que essa qualidade de vida básica é essencial para construir uma história longe das patologias que a própria universidade e a disciplina favorecem.

 Muitas vezes, a luta política entra por caminhos que colocam em contradição os seus maiores princípios, nos quais "Porque se está lutando assim?" é a pergunta. Uma dessas contradições é estarmos construindo um campo pouco saudável para atrair as pessoas, sejam elas quem forem. Dado que, muitas vezes, somos treinados e treinadas pelo universo da esquerda a nos contentarmos em apontar o dedo e dizer, "Isso é privilégio.", "Aquilo é privilégio.", mas pouco se discute sobre as condições de vida na luta pela emancipação humana e pela vida em posição de dignidade. Cabe a nós discutir o sofrimento social em sua troca com a subjetividade que institui o padrão de qualidade de vida almejado. Estamos presos a veemência da "felicidade capitalista", produzida pela sociedade banalizada do consumo, como horizonte vivido em seu aspecto distribuído que hegemoniza as motivações e desejos das pessoas de maneira geral. A nosso ver, privilégio é a palavra mais cara do momento. Falamos em privilégio, sem antes definir o que é dignidade. Definição que é central, mas não parece preocupar os agentes da denúncia. Sendo assim, acabamos atacando os inimigos errados, quando não boicotando uma forma de vida não-miserável. O problema pode ser definido sobre o que você faz com as condições materiais, psicológicas, de proteção social (pressupostos de uma vida considerada de *playboy*) e imateriais da sociedade que estão a seu dispor; e não instaurar uma renúncia a essa condição, que deve, obviamente, sofrer uma equidade, mas não de maneira tosca. As desigualdades sociais se aperfeiçoaram de tal forma que sua denúncia constitui um ato de violência, devido à sua condição de vida ser basicamente um discurso como tantos outros que estão distribuídos dentro dos consensos banalizados, pois são críticas que não tocam nas raízes dos problemas sociais do que se está denunciando.

 A própria condição de uma narrativa crítica foi engolida pela inteligência de um sistema que se transforma colocando sua base contra si mesma. Na tentativa de objetivar a tarefa de produzir uma narrativa crítica, se encontram dois problemas básicos: a mentalidade do *playboy* e a do zé-povinho. Ambas acabam sendo estruturas de um modelo de ambivalências primordiais de uma mesma operação. Temos aqui uma anástrofe que funciona para adequar às qualidades sensacionalistas da sociedade vigente.

De um lado, se encontra uma condição de existência pobre e miserável que acaba tornando-se o ideal de vida para sobreviver – em seus operadores mais medíocres – mas a crítica social atribuída a essa condição de vida é usada para aliviá-las, pois acabam promovendo a pobreza (em seus vários significados) ao status de nobreza, colocando o panorama social (aquele que sempre esteve envolto no cenário da condição da vida do *playboy*), para agora servirem aos valores instituídos da ignorância orgulhosa. Dessa forma, o trabalhador, ao invés de se tornar indiretamente um ser de perspectiva revolucionária, se torna apenas um ser que exprime completa indiferença blasé sobre as questões transformativas da vida (como se diz em Angola, são pessoas em cujos narizes chove dentro, pois andam com a cabeça exageradamente erguida diante da sociedade, prepotentes, como se caminhassem em cima d'água).

Do outro, temos o *playboy* (em seu aspecto conceitual também de gênero), precisando se esconder ou se transformar no zé-povinho com "privilégio", pois passa alguns anos morando na vila, ou tentando organizá-la ao seu bel-prazer, construindo uma trajetória existencial histórica, enquanto nega sua responsabilidade de intervenção social de poder já conquistado através dos séculos, deixando esse embate ser feito pelas várias forças de classe e cultura que estão acima dele, a fortalecendo. E para isso é preciso forçar a ignorância e ser rasteiro, negando as estruturas materiais, psicológicas e estimas de classe que ganhou desde sua infância, para poder competir com quem de fato nunca as teve, já que esses são os valores agora instituídos pela nova "nobreza social" à esquerda.

Com a abertura dessas condições, que são impostas, temos em mão medidas que vão se tornando os valores sociais e psíquicos de nossa conjuntura em seu aspecto mais distributivo. Uma cultura mais que social, digamos, por ser também basicamente histórica. Muitos colaboraram para isso, mesmo sem perceber, mas o leite está bem derramado nos anos que ultrapassam o ano de 2018. Onde o dito "inimigo" não prosperou sem ajuda e a colaboração massiva das escolhas de luta e da concepção de mundo vazia e mal articulada de seus adversários.

Há, certamente, se passando entre nós, um processo bastante dinâmico que intervém e influencia a vida na rua e nas instituições. Falando de Brasil, a medida em que o contexto acaba pressionando as universidades para que percam sua autonomia, temos a produção do desestímulo profissional destes atletas dos livros que são os historiadores e as historiadoras. Esse gargalo nos leva ao fato de que precisamos encontrar um conteúdo prático que possa nos oferecer um caminho politizado (diferente dos já operados que não trouxeram bons resultados), nos levando a nos adaptarmos a uma linguagem que ofereça um mundo que movimente uma órbita dentro da qual perpasse a autonomia da universidade, colocando seus princípios em um formato literário, sem deixar de dispensar outras maneiras de fazer história. E dentro desse quesito, o rap seria um aliado muito mais anticolonial do que se parece.

Para isso, é preciso que articulemos o passado de tal forma como jamais se viu antes. Essa atitude pode até nos parecer ambiciosa, pretensiosa, a depender de para quem oferecemos esse passado. Por outro aspecto, essa mesma construção se torna digna por percorrer dois caminhos ao mesmo tempo: de um lado, o do discurso histórico comprometido em se transformar em literatura pública; de outro, o da construção de um panorama de discussão, passando pelos encaminhamentos que discutem a si mesmos, em nome do protagonismo dos meios de ação dessa mesma história que jamais deveria existir sem ser pensada pelas pessoas de carne e osso.

Entretanto, ao mesmo tempo, temos que admitir que conversar com a cultura do povo e cientificá-la no que pode ser, não deveria ser visto como um modelo de pretensão teórica e prática, mas como movedor social comum entre nós, pois nesse meio a gramática universitária poderia encontrar sua verdadeira vocação e legitimidade. E, sabemos, o povo a receberá de abraços abertos, ao contrário do que dizem. Pois quem é de lá sabe que falta algo que vai além do que a palavra "tudo" busca significar, no aspecto de suporte, oportunidade, estima e perspectiva de vida. Estamos eliminando muitos saberes, cientistas, artistas e inteligências não estando lá, na periferia.

Um exemplo de coligação do raciocínio aqui discutido é o videoclipe produzido em homenagem a Piotr Kropotkin e intitulado em referência ao seu trabalho Memórias de um Revolucionário, cujos rappers compositores Juantino Reyerta, Calla la orden, Ekocidio, V de Bragas e Kronstadt fazem de Kropotkin um rap e do hip hop um anarco comunismo, uma teoria social que se populariza.[15]

---

15. Encontramos neste link parte deste conteúdo exposto em nossas abordagens e conexões sugeridas: https://noticiasanarquistas.noblogs.org/post/2022/05/05/espanha-videoclipe-rap-kropotkin-memorias-de-um-revolucionario/.

III
O TEMPO PRÁTICO COMO PROBLEMA PÚBLICO

Desta vez não vamos começar do começo. Oferecemos um ponto lá no meio da curva, tão importante quanto o início, pois o movimento do começo produz um desenvolvimento que o ultrapassa, mesmo agindo e desenrolando o início do começar. Aquilo que seria o gosto de Hegel, tanto pela história na política quanto pelo engajamento da política dentro dela, gesticula a participação do drama vivo que a história pressiona a conduzir, uma vigilância prática sobre o tempo.[1] O tempo é revolucionário por si mesmo. A filosofia e a história foram entrelaçadas integralmente em Hegel, atravessando o tempo.[2] Existe um tempo que se torna prático e deve responder aos problemas públicos do presente, em relação àquele passado que foi esquecido por todos os envolvidos e talvez não tenha sido esquecido pelo historiador, mas postulado como pouco

---

1. Essas formulações são produzidas sob a influência de Bernard Bourgeois, um dos maiores especialistas em idealismo alemão, exímio tradutor e professor das obras de Hegel, titulando temas como em seu livro de 1969, *O pensamento político de Hegel*.
2. KOSELLECK, Reinhart, 2013. p. 155.

produtivo quando não silenciado por ele, justamente por ser um passado ativo. Isso gera consequências no movimento da história contra ela mesma. Nessas pequenas passagens, temos chamas queimando. Não é evidente ainda, mas a história enquanto disciplina pode ser extinta por essas chamas.

Constatamos que perceber as determinações que lançam um olhar sobre o futuro recente, de seus perigos e inclinações, não é exatamente a mesma coisa que acreditar em leis históricas e determinismos. As implicações do movimento e do caos também têm suas dinâmicas. Digamos que, Kropotkin, em sua versão da história e ao observar essas eficazes como saldo práticos e políticos, pode ser um autor que se remete a produzir intervenções para uma "análise de conjuntura histórica" e seus possíveis caminhos diante daquele tipo de Estado, de nacionalismo, de uma cultura da guerra, de "irracionalismo científico" (por meio de um mundo bélico) e de desejo de imperialismo.

Assim, o revolucionário, no final do século XIX, já postulava as consequências históricas conjunturais e temporais de uma Europa, dizendo que uma ou duas grandes guerras dariam o golpe de misericórdia em tais máquinas desajustadas.[3]

Posteriormente, em algumas décadas, tivemos duas grandes guerras. Esse tipo de análise é rica em dimensões que entrelaçam as categorias do tempo, uma espécie de "inversão anacrônica dos tempos contra sua versão linear".[4]

---

3. KROPOTKIN, Piotr, 2005. p. 30.

4. O que estamos chamando de "inversão anacrônica dos tempos" é outra noção de anacronismo, distante daquele já bem conhecido entre os historiadores e as historiadoras. Ao invés de apresentar um sentido explicativo do presente direcionado ao passado, fazemos do presente um sentido de futuro, não enquanto profecia e adivinhação, mas no sentido de ver a história

Onde os "anacronismos" históricos apontados para o futuro têm outros caminhos, podendo ser mais produtivos do que sua noção bastante desgastada, em relação a sua interpretação negativa, entendida como narrativas "não-históricas", direcionadas ao passado.

Outro tipo de abordagem que se aproxima dessa noção, em sua pretensão analítica nomeada "conceitualmente", seria a de Aldous Huxley, em seu livro *O Macaco e a Essência* (publicado em 1948, ano de comemoração dos 100 anos da revolução de 1848), quando analisa a história da ciência na sociedade e como essa junção se faria num futuro recente. Ou, melhor dizendo, o tempo situado em nosso contexto atual, amplo. Stephen Hawking direciona sua posição próximo a essas envergaduras do tempo articulado com o conhecimento. Para ele, a ficção científica de hoje é, muitas vezes, o fato científico de amanhã.[5]

Nesse livro de Huxley, há personagens denominados "Einsteins encoleirados", os quais são pessoas que possuem uma inteligência acima da média, mas juntas produzem uma massificação doentia sobre os rumos da ciência, estabelecendo uma manipulação voluntária de si mesmos e sobre os outros; onde a ignorância ganha um grande aliado, a estupidez ganha status sociais, o radicalismo se torna uma teimosia *emburricada*, ondulada de reacionarismo populista ou elitista, em nome de causas X, Y, Z. Essa lógica, de certo modo, pode esconder sua essência maquiada pelos meios da tecnologia, diminuindo a

---

submetida a imposição das relações de força que a conjuntura social estabelece, ou seja, temos um conceito ligado à ideia de apoio mútuo de Kropotkin. Nesses termos, o passado tem uma dimensão vinda daquele futuro que se articulou com o presente.
5. HAWKING, Stephen, 2018. p. 92.

percepção social de que estamos sendo brutalizados por essas operações, justificadas por uma dita condição da vida imediata ligada a um "progresso humano" inevitável, submetido à lógica de sobrevivência de cada um na sociedade. Temos, então, ignorância em nome da tecnologia mais avançada, uma tecnologia que protege a mais estúpida violência social. Poderíamos, nós "acadêmicos", pessoas livrescas, estarmos soltos, mas executando essa condição masoquista e fascinante dos "Einsteins encoleirados"?

Trazemos um exemplo. Os aparelhos tecnológicos que auxiliam nossas vidas cotidianas (aplicativos e algoritmos) se tornam necessidades imperativas da vida, passando dos níveis de influência para o controle. A arte do capitalismo é poder criar não uma cultura, mas a necessidade quase neurótica de atributos que eram superficiais e estavam em nome do lazer desinteressado, tematizando as relações mais afetivas de um lado e frias de outro, ligadas ao mundo da vida.

Cathy O'Neil, em *Algoritmos de destruição em massa: como o big data aumenta a desigualdade e ameaça a democracia*, denuncia relações extremamente opressivas, mas que são vistas como acolhedoras e gentis. Os números, quando materializados socialmente, são articulações extremamente injustas. Cathy O'Neil analisa alguns casos, apontando como funcionam as estruturas imateriais a serviço do mundo material:

> A NYCLU processou o governo Bloomberg, alegando que a política do parar-e-revistar era racista. Era um exemplo de policiamento desigual, que colocava mais minorias dentro do sistema de justiça penal. Homens negros, defendiam, tinham seis vezes mais chances de serem encarcerados do que homens brancos e vinte e uma vezes mais chances de serem

mortos pela polícia, ao menos de acordo com os dados disponíveis (que são conhecidamente subnotificados).[6]

As relações sociais não se desmaterializam no mundo virtual, mas colocam novas regras de atuação, criando suportes que não são neutros, mas também não constituem juízos de valor tendenciosos ao exagero, apenas nos mostram que a ciência e a tecnologia se articulam com os padrões hegemonicamente reconhecidos na história.

Quem melhor saber utilizá-los cria sua hegemonia, podendo funcionar como força de influência na zona qualitativa ou quantitativa. A maioria da população não consegue se defender diante dessas jogatinas, quem consegue acaba articulando um repertório ou provisório ou contraditório, que muitas vezes não é diagnosticado pelos acadêmicos e seus ideólogos à primeira vista. Os ideólogos, cujo papel, uma vez que se resumem a ideólogos, é formalizar uma gritaria, choro e radicalismo bem comportado, denunciando as relações de opressão, operando esses significados importantes, o fazem sem talento suficiente para tal, dado que o talento envolve a rima criativa da vida, medida que acaba arrastando belezas e emoções e não lamentos e tristezas infrutíferas.

A "esquerda" muitas vezes é como a gramática normativa: se esquece que é justamente a condição solta e errante da língua que constrói a linguagem que possibilita a existência de sua funcionalidade e importância; o léxico da fala, muito tempo depois, vai se transformando em gramática. A esquerda tem se resumido a exigir do povo uma gramática sempre nova e atualizada. Esses procederes se tornam autoritários e competitivos, porque excluem as condições de

---

6. O'NEIL, Cathy, 2020. p. 89.

O TEMPO PRÁTICO COMO PROBLEMA PÚBLICO

temporalidade da política, posição que qualquer comunidade indígena sabe muito bem exercer, e poderia nos ensinar, pois conhece o silêncio como procedimento da convivência social. Com o prato vazio, em estado de tensão permanente, para garantir o mínimo de sobrevivência ninguém se preocupa em fazer filosofia da linguagem. Lembrando que é o errante que anda de cabeça erguida, pois o acerto é tão momentâneo que não dá tempo para contemplá-lo e transformá-lo em um sorriso leve e autossuficiente. Assim é a história do povo. Não entrar nesses andares da política na vida é fracassar enquanto desejo emancipatório da humanidade.

Cathy O'Neil nos faz entender a linguagem virtual dos algoritmos como *Big Data*.[7] Somente depois de muitos estudos diante de falas sociais (em sua historicidade) pode nascer uma gramática ética e de caráter público. Mas quando todas essas modalidades da vida estão em longa atividade, se perpetuam presas diante da pressão das condições imediatas, transformando meios em fins e, sendo assim, não podemos nos queixar. Nesse sentido, não é o horizonte da direita que cresce e se fortalece e sim o horizonte da esquerda que diminuiu, não em sua força, mas em sua forma interna de fazer política com amplitude. Ora, a utopia é um ponto crítico, uma narrativa estilista, criticista dos fatos, comprometida, e não uma ilusão divagante e otimista.

Essa magnitude se diluiu tanto que confundimos a democratização do conhecimento com a possibilidade de tornar-se pessoa pública para garantir o horizonte

---

7. O termo *Big Data*, cunhado em 1997, explica os mega-dados ou grandes dados. É uma área do conhecimento que estuda como trabalhar, analisar e obter informações, operacionalizando conjuntos de dados cada vez maiores, condição que impossibilita serem analisados por sistemas tradicionais.

econômico e de legitimidade educacional e social que essa situação de status carrega. Tudo isso promovido sobre as carências materiais e espirituais do povo.

Voltando, aliás, Huxley era um seguidor de Kropotkin, pelo viés político da questão. No discurso que faz aos educadores do mundo em seu livro *Admirável Mundo Novo*, o autor "desabafa" sobre uma nova alternativa que daria ao personagem Selvagem: uma comunidade de economia descentralista e georgista, e política kropotkiniana e cooperativista.[8]

Tentar responder criticamente a esses pressupostos do mundo social e material, diminuindo o poder de alcance dessa narrativa, sem uma teoria que dê conta dessas operações é não entender a importância da realidade teórica como espaço referente do ser político direcionado ao setor público para se formar opiniões bem delineadas. Nesse aspecto, o rap precisa apostar em sua medida teórica que nada mais é do que uma intervenção pública e organizada.

Dito em outras palavras, tentar responder desmascarando a teoria com a realidade é não entender que ela só pode ser superada por outra teoria sobre essa mesma realidade, como um embate de descrições organizadas. Visto que a teoria se justifica não na totalidade da realidade, mas naquilo que dentro dela pode revelar um aspecto aceitável e verificável, em sua potência organizada e comunicativa.

Cathy O'Neil nos escreve que o mundo virtual se utiliza da mesma estrutura social do discurso da qual foi construído e dar esse passo emancipatório corresponde a não se deixar levar pelos padrões impostos que estão a serviço de uma vida cômoda, em seu aspecto tanto conservador

---

8. HUXLEY, Aldous, 1979. p. 4.

quanto crítico. Pois existe uma posição cômoda entre os vários segmentos da esquerda, em sua efetividade reformista e revolucionária e para identificá-las em seus códigos não temos outra saída a não ser sermos participativos, tendo um engajamento existencial, que preenche as lacunas de uma vida toda, em sua manutenção saudável, de dedicação alegre e inteligente, pois a entrega aberta e identitária por si só não transforma; é como jogar um salva-vidas no mar agitado para salvar uma pessoa que não está lá.

Ademais, o Brasil tem sido um grande laboratório para essas análises de Huxley aqui reiteradas. Pois aqui se usa a mais alta tecnologia sustentada por governos que formularam conciliações, por vezes com neoliberalismos e agora com neofascismos, ao estilo colonial latino-americano.

A medida em que estamos falando de um mesmo campo da teoria da história, no qual articulamos Kropotkin e outros, temos agora, sob diferente aspecto, mas diante do mesmo conjunto de problemas, de olhar a história a partir do trabalho de Rodrigo Turin, quando diz que "o erro da esquerda teria sido ignorar os aspectos irracionais e afetivos constitutivos dessa experiência política, tão bem percebidos e utilizados pelos nazistas".[9]

A brecha, no entanto, ainda existe, pois estamos em uma condição de tempo contemporâneo que produz uma série de fenômenos novos, articulados não com o passado exatamente, mas com uma temporalidade. Por isso, talvez seja melhor falarmos em termos de *tempo* do que de *passado* para identificar processos que parecem ser teorias que estão longe dos ônibus e dos trens que atravessam a periferia,

---

9. TURIN, Rodrigo, 2019. p. 7.

mas só existem para servirem este mundo, neutralizando, atrasando, esterilizando e desacelerando processos sociais e pessoais, eliminando a descoberta de talentos.

Nós falamos sobre tempo prático, outros de passado prático e outros ainda de *atualizações* que correm por dentro de temporalidades que estão fora da história oficial. Desse passado que faz com que se debata o mundo para todos os lados, produzindo relação com o "hoje". Estamos de acordo com Mateus Pereira e Valdei Araújo, principalmente quando dizem que na maior parte das vezes o esforço de atualização parece estar voltado não para a reativação de algum potencial do passado, mas na luta pela sobrevivência de formas que estavam rapidamente obsoletas.[10]

Ambos os autores articulam Hayden White para lembrar desse paradoxo que na medida em que os estudos históricos tornam-se mais científicos, "garantidos" e "petrificados", acabam se tornando menos úteis para qualquer finalidade prática, o que acarreta a uma implicação educacional quanto nos caminhos de sua vida política.[11]

É nesse sentido que o historiador silencia o passado em várias categorias. O excesso de eurocentrismo cria uma estrutura desinteressante. Se até mesmo para a Europa a reprodução de uma história que nasce velha e cansada tem funcionado assim, que dirá quando fazemos essa "história" entre nós. Aqui os prejuízos são ainda maiores. E quando somos mais ocidentalistas que os próprios clássicos? Ora, sob essa tendência, temos a morte da história produzida pelos seus critérios internos.

---

10. PEREIRA, Mateus; ARAÚJO, Valdei, 2018. p. 163.
11. Ibidem. p. 168.

Falando um pouco sobre essas posições em *Os sons do silêncio: interpelações feministas decoloniais à história da historiografia*, Maria da Glória de Oliveira articula a invisibilidade que as mulheres sofrem dentro do conteúdo histórico. No qual o cotidiano do historiador eterniza essas dinâmicas, chegando a potencializar sua atividade diante dessas crises – mas quem terá coragem de assumir a crise e colocá-la sobre si mesmo? Temos todo um processo de desqualificação tanto intelectual quanto de silenciamento do reconhecimento cultural das mulheres, enquanto gênero e condição simples de existência e pluralidade.

Nas palavras de Maria da Glória de Oliveira, "talvez não seja exagerado falar em uma condição historicamente marginal e periférica das mulheres no campo da história intelectual".[12] No texto, fala de um tipo de tratamento que a mulher recebe para além de suas diferentes experiências, pois estão condenadas a um papel definitivo, por meio de uma captação de suas vidas produtivas.

Essa exclusão, acima destacada por Glória de Oliveira, tem como resultado uma historicidade. A entonação desses procedimentos estão bem distribuídos dentro da história do rap e do *hip-hop*, onde a mulher sofre boicotes similares. Em *Mulheres de Palavras: um retrato das mulheres no rap de São Paulo*, autoras como Renata R. Allucci, Ketty Valencio; Fernanda Allucci ajudam a organizar a história dessas mulheres esquecidas pelos apreciadores dessa arte, em muitos casos, simplesmente porque são mulheres.

---

12. OLIVEIRA, Maria Glória de. *Os sons do silêncio: interpelações feministas decoloniais à história da historiografia*. In: História da Historiografia, vol. 11, n. 28, set-dez, ano 2018. p. 104-140.

Como se essa mulher não estivesse lá, no circuito dessa cultura, o tempo todo, executando muitos papéis; como se pudesse existir rap ou *hip-hop* sem as mulheres. Nerie Bento entende a questão assim:

> O rap é majoritariamente masculino, não é exclusivo aos homens, mas seu crivo ainda passa por uma ótica que define quem é a mulher boa no cenário ou não. E isto é o argumento mais utilizado pelos homens para tornar o rap um gênero musical excludente. Os principais acontecimentos no rap são realizados por homens, vão desde eventos importantes, mídias, projetos audiovisuais, musicais, até possíveis participações em trabalhos de terceiros. Fazendo uma análise cronológica podemos afirmar com 100% de certeza que conquistar equidade de gênero ainda é algo distante e este bloqueio só tem um nome: machismo. Recentemente, um colunista de um jornal de Hip Hop muito influente disse que não existe mulher letrista e liricista no rap, os nomes indicados fariam parte de uma matéria que o editor chefe estava trabalhando, cujo objetivo era retratar artistas que usassem suas letras para abordar pautas importantes. Ao ser questionado sobre a negativa, o colunista foi taxativo: "Existem mulheres boas no rap, mas letristas e liricistas não, esta é minha opinião".[13]

Como podemos observar, quem muito se diz excluído não tem aprendido muito. Imaginemos o conteúdo das análises do "colunista de um jornal de *hip-hop*", sendo executadas agora criticamente sobre a sua capacidade de colunista, sendo colocada em dúvida. Trabalhando essa narrativa nos mesmos termos contra homens. Anunciando sua incapacidade de gênero

---

13. BENTO, Nerie; ALLUCCI, Renata R, 2016. p. 08.

para executar bons trabalhos, dentro de sua profissão, devido a padronização sociocultural moldada sobre esses personagens.

Ora, a desautorização do talento dos outros é uma das maiores crueldades da segregação, e as mulheres a têm sofrido em suas várias formas. A história de luta das "Scheilas Mottas" na periferia resiste no tempo, é um fio condutor que serve de alimento para o ataque e a visão de nossa parte existente em nome da memória de luta das outras vidas que ficaram despedaçadas pelo caminho, mas que se ativa e se reconstrói em cada ato nosso de combate (assim, o espírito olha para trás e diz: "Olha lá, estão lutando também em meu nome") .

O rap descreve eventos da vida como Espinoza – não acreditamos em deus, nós o conhecemos; no *conatus* da paisagem que emociona o povo em seu fracasso constituído de potência e grandeza, esta última que sepultará nossas derrotas para sempre.

Conceição Evaristo destaca: todas se tornam uma mesma mulher, capturada e recriada, para não descobrir o que realmente são para além das nossas explicações "masculinas"; elas são produzidas para interesses diferentes e funções desiguais no tabuleiro de brinquedo dos homens, diferem em idade e no conjunto de experiências, mas compartilham da mesma vida de sofrimento e apanham de um mesmo tipo de porrete social.[14] Umas apanham mais, outras menos, e a discussão se encerra aí. Os homens geralmente dizem: "Fiquem, entre vocês, com uma régua para comparar quem sofreu mais". Agora, o mais importante: "Disputem o ser mulher mais radical e denunciante, mas jamais articulem essa pluralidade em seu conjunto de tais premissas contra nós".

---

14. EVARISTO, Conceição, 2016.

Se dividindo na hora certa, temos a preservação das figuras estruturais mais significativas para sustentação dos tentáculos abusadores da concepção de mundo masculinizada, em seu exagero normalizado.

Digamos mais. Nos parece que os motivos pelos quais os homens brancos sofrem intimidação e se entendem, para com relação aos homens negros, fracassados, são também motivos para descontar sua frustração nas mulheres negras; e os homem negros, naquilo que não conseguem provocar nos homens brancos, se vendo desmaterializados por eles, vendo neles o lugar mais alto para a explicação de suas frustrações, junto da "branquitude" ou, palavra melhor, do racismo em sua efetividade autêntica, acabam descontando sua frustração sobre as mulheres brancas.

Devido a essa condição, a mulher se torna, nas suas mãos, um troféu, e cada um o oferece ao outro como medida de humilhação desse mesmo outro representado pelo seu corpo verossímil, mostrando a esse diferente "Olha o que eu faço com suas mulheres". Sendo assim, a mulher se torna um objeto acabado na mão "deles", para suas guerras, palhaçadas, frustrações, covardias e divertimentos sádicos.

Contudo, pode ser que essas conjecturas sejam elementos que não ponham um corpo todo em funcionamento, um conglomerado, um ornamento social e hegemônico de ações que perpassam todos os homens, ficando, eles, dependentes e limitados a esses "motores sociais". Onde todos esses homens, em si, manifestassem essas questões; mas as estatísticas sociais e históricas colocam a necessidade de reconhecer essas dinâmicas amargas, posições que os homens não podem mais negar, assim como não podem negar a importância desses debates, pois existem muitas mulheres, mas não só, adoecendo e morrendo, posição causal ligada a esses processos.

A história tem sido assim, exclui mulheres, negros, negras, indígenas, a pluralidade da comunidade LGBTQIA+ e demais grupos sociais e multidões insociáveis também. Tudo isso é produzido e garantido com grandes argumentos. Vejamos bem: esses argumentos, será que não apodreceram? "Atualizá-los" não seria ainda pior? A dinâmica política do poder e seu exercício nos colocam esses desafios; poucos historiadores estão preparados para admitir isso, sendo mais rankeanos do que Ranke, e esse tem sido um dos nossos maiores problemas.

Intuímos mais uma vez: o historiador tem uma história muito mal resolvida com o positivismo; condição que prejudica mais o historiador do que o positivista que, pelo menos, está sendo "honesto", por assim dizer. Tanto a produção da ciência quanto da arte passa pelas esferas da honestidade e da sinceridade.

Agora, fazendo uma espécie de justiça à contribuição positivista, trazemos uma posição importante. Sérgio Rouanet nos ajuda a posicionar o lugar desse sentido do "honesto" (e até do "ético") do que estamos querendo dizer. Sérgio Rouanet conta que, certa vez, fez uma entrevista com J. Habermas, e que o filósofo alemão admitiu que toda a sua contribuição teórica estava sendo colocada radicalmente contra o pensamento positivista. Mas, para a surpresa do entrevistador, Habermas só fez elogios ao positivismo, a partir do ponto de vista político. Pois ele admitia que, pelo menos na Alemanha, os positivistas utilizaram seus

O TEMPO PRÁTICO COMO PROBLEMA PÚBLICO

instrumentos metodológicos em nome de uma boa causa, não contra o marxismo, mas contra o nazismo.[15] A partir do momento em que as universidades alemãs começaram a ser ideologicamente trabalhadas ao interesse nazista, graças ao entusiasmo de professores e alunos nazistas, com suas "sandices", houve um grupo de positivistas extremamente corajosos que arriscaram suas vidas enfrentando o nazismo para desarmar os argumentos nazistas. Habermas disse mais, disse que ele não conheceu nenhum filósofo positivista de sua época que tivesse aderido ao nazismo, mas que conheceu vários filósofos autoproclamados hegelianos que aderiram ao nazismo.

Situando esse embate ao nosso território e contexto político do Brasil, parece que os historiadores e as historiadoras não vão poder negar a política que está contida em sua escrita e patrimônio que manipula o passado; por mais que tenham visões de mundo e de método de história diferenciados, há momentos em que tal "pudor ideológico" não pode ser utensílio para não assumirmos as responsabilidades vigentes da conjuntura. Se a universidade encontra seus adversários na busca de sua precarização plena para montar esquemas de sua subordinação política e social, o rap e a cultura *hip-hop* encontram adversários da mesma estirpe.

As inferências históricas, públicas, da escrita da história, produzem várias formas para se usar o passado, e essa liberdade acarreta consequências que se justificam por si mesmas, nos deixando a frente de um quadro que oferece uma condição ética, genealógica, para ser avaliada com o

---

15. Ver essas passagens em Curso Livre de Humanidades Modulo I – Filosofia. A Filosofia no Século XXI e a Pós-Modernidade por Sérgio Paulo Rouanet. https://www.youtube.com/watch?v=C5z75-Ezd2E.

tempo e com o presente. Ora, de uma ética como medida de participação política e não como conduta de hipertrofia do movimento.

Temos em vista um caminho, produzido por nós enquanto historiadores, que julga e direciona o passado, sendo que o presente já nos coloca no passado, formalizando uma imagem distorcida – e inútil – de quem olha de fora, pois produzimos uma história que esquece de se visualizar no espelho do conhecimento e do que tem sido feito sobre as histórias cinzas da rua que não se entregam e por isso são criminalizadas.

A reunião dos aspectos mencionados nessas intervenções manifesta o plano prático dessa dimensão: o problema público na disciplina de história em sua relação com o presente quando nos mostra maneiras de entender o passado como patrimônio improdutivo, massacrando a própria história. Tal postura é envolvida e justificada em nome de uma defesa da história, mas na realidade tem mais excluído e silenciado histórias do que agregado a esta. Nesse aspecto, o rap é um alimento histórico de gênero, narrativa e conteúdo; é a musa Clio que dança e rima e não está nem um pouco preocupada com a Grécia no momento.

Ao mesmo tempo, o rap deve buscar se entender como historicidade e não deve esperar pelos historiadores para constituir seu lugar sólido dentro dela. O processo de análise e esforço da experiência que pensa há de produzir uma teoria que dê conta das nossas expectativas. Logo, situadas sob as urgências das lutas mais variáveis que o rap denuncia para sobreviver e sob nossa cultura de ouvir as esquinas – como matrizes de resistência e articulação da astúcia sendo usada a nosso favor – temos proposições que fazem a revolução inteligente dançar primeiro, como descoberta de si mesmo, em um processo de consciência e coletividade.

IV
TEORIA DA HISTÓRIA DESCOLONIZADA

Vamos começar a conversa enviesando. Uma tendência prática do trabalho. Certamente, não somos os primeiros a questionar a tradição colonizada que instrumentaliza a vida do historiador e das ruas. Outra coisa, o ramo da história social, em determinadas ocasiões, jamais, se aventurou em ler uma obra difícil no campo da teoria. Ao fazê-lo, não legitimaria esse palco, mas poderia entender os becos sem saída que ela cria para si mesma quando tal leitura não é produzida. Por que não fazer isso? Por que não arranjou essa leitura conceitual profunda, se submeteu a esse trabalho? Justamente porque a postura colonizante impõe-se a nós pela sua força basicamente teórica, dominando-nos em sua gesticulação e apresentação de mundo, postulando como devemos viver em sua "essência".

As ideias não são meramente representações do espírito, sua história tem uma substância reconhecida e materializada, impulsionando mundos e finalizando debates assim que eles surgem, dando respostas para práticas reais da vida, no trabalho duro, no sofrimento social e racial. Protelando nossa condição de libertação das condições impostas pelo sistema que amarram nosso imaginário.

A teoria aqui apresentada é a manifestação de um conjunto de técnicas do discurso e da realidade, incluindo narrativas e gêneros apelativos de convencimento. Se somos convencidos a agir pensando que independente dos caminhos escolhidos não alcançaremos parte satisfatória de nossos interesses, temos uma motivação que não retira a ação da alienação, temos uma medida que aliena a ação em suas mais variáveis formas. Assim, agora, essa dita teoria se fortalece sob a condição de uma ideologia ou mesmo de um corpo absoluto que nos revela uma verdade; o perfurar dessa condição criada sobre nós deve, então, ser feito por outra concepção de mundo que desmente esses convencimentos impostos, reescritos sob regras específicas. Esse postulado teórico não pode ser enfrentado e rebatido por meio da realidade prática.

Tentar derrubar essas condições por meio das materialidades que a realidade histórica e prática oferece não é enfrentar o problema de frente. Isto é, precisamos entender que certas teorias estão sendo sustentadas e encorajadas na realidade, estabelecendo um fio condutor, uma dominação, que não é somente produzida pela violência estabelecida sobre nossos corpos. Uma das melhores formas de dominar os objetos à nossa volta é explicando-os. Quando temos o conjunto dessas operações em mãos, mesmo que estejam "erradas" em determinados pontos, ou enfraquecidas de profundidade, as regras que justificam "o direito à propriedade" dessas materialidades estão postas – mais em nossa mesa do que na de nossos adversários, que não fazem esta gesticulação. Logo, estando submetidos, na maioria das vezes, à nossa capacidade teórica, que é sempre uma espécie de proposição, ficam presos a recursos escassos de argumentação e fundamentação; deste modo, estão expostos a variações voluntárias do método da vida prática (que traz a aparência de tudo saber e gerir), sem propósito. Assim, vão acabar, por mais que sejam inimigos de nossas concepções de mundo, reiterando-as de alguma forma, porque não criaram autonomia de mundo; então, cedo ou tarde, irão reproduzir todos os códigos e fazer aberturas na realidade vivente ligados às nossas representações e ideias sociais, as que foram por nós teorizadas e projetadas. Em outras palavras, é como a estrela que ao explodir nos apresenta seu aparente fim e neste mesmo ato acaba gerando mais estrelas ao universo.

    E, ora, quer violência colonial maior do que a teoria epistemológica como pensamento organizado? Produzindo-se sobre a lógica que constrói as regras dessas mesmas lógicas sobre nós enquanto ponto de convencimento, de repertório, de cultura, mobilizando o sequestro do campo imaginativo. Mesmo quando as condições sociais nos trazem grandes respostas para serem usadas em nossas causas, se nós não operacionalizarmos essas relações, nomeando-as e elaborando seus recursos, logo nossos adversários se apropriarão de forma considerável, visto que encaixam esses fenômenos das causas práticas da vida em seu quebra-cabeça, mesmo que essa peça não tenha coerência alguma com este jogo em específico. E o que de fato está sendo feito com essa estratégia? Estão sendo escondidas causas e invenções propriamente nossas, nos tirando suas potencialidades de luta, de criatividade, de resistência e proposição de valores do mundo na historicidade. Somente esse passo já faz com que essa peça, mesmo sendo encaixada no quebra-cabeça errado, esteja cumprindo mais o seu papel do que a peça original desse jogo, por meio da lógica das contingências históricas. As forças emancipatórias e ditas de esquerda têm uma dificuldade bastante evidente de perceber essas questões, em uma falta de inteligência espantosa – que pode ser justificada pela sua própria cultura interna e pela que está à sua volta – criando toda essa falta de percepção, mansidão e vontade assustada sobre os fatos corriqueiros.

Em um outro aspecto, também de nosso interesse, a história social, pelo fato de se esconder atrás do dito compromisso com os arquivos, produz uma noção bastante arcaica de percepção das realidades e da matéria. De sorte que pode acabar fazendo isso para justificar seus fracassos "intelectuais" e sua fragilidade de pensamento, formado mais por sua recusa e pré-conceito enquanto concepção de mundo do que por uma falta de capacidade de atributos aos talentos deste campo.

Ademais, se não lavarmos a roupa suja entre nós vamos ficar sem roupa limpa e, sujo por sujo, entre nossas concepções de mundo e o neoliberalismo a população vai escolher o último. Na atual conjuntura, esses debates acabam sendo uma mobilidade não só política, mas também cultural e histórica. A historicidade dos movimentos da sociedade não vai se submeter aos nossos caprichos, e o campo da disciplina de história que conhecemos pode ser suprimida se continuar a negar "o espetáculo do circo dos horrores" na qual está inserida – haverão responsáveis diante desse processo, não esqueçamos.

Ainda outra questão: se contentar com uma mera desaceleração desse processo não vai imobilizar as forças que estão se movendo contra a disciplina de história; pois estamos vivendo uma emergência de significados, simbolismos, afetividades irracionais e radicalizações que não se esgotam no fenômeno do bolsonarismo, se pensarmos o Brasil como um todo. Existem forças que estão para além do Bolsonaro. A crise sobre a qual estamos falando permeia vários lados e nela o próprio bolsonarismo pode ser mais efeito estratégico do que causa aderida. Isso consiste em dizer que os personagens históricos cumprem papéis dentro de uma estrutura, de um contexto, de um processo, de uma história, de uma memória, não são frutos exclusivamente de si mesmos.

    Esses episódios acabam nos fornecendo um caminho bem comum em meio a crise que estamos vivendo. Parece que tudo se equivale, mas as coisas não são tão acomodativas assim. Admitimos que existem trocas impossíveis – como Baudrillard sugere – em sua operação de equidade e isso se define como conflito permanente e negação de vidas.[1] Ou seja, a justificação dos conceitos precisa ser feita com cuidado para avançarmos.

    Os termos trazem aspectos diferentes em relação a noções e acontecimentos que favorecem os conceitos de identificação da colonização na história e de suas implicações enquanto formas de resistência a essas práticas sociais que tanto em sua mudança quanto em sua manutenção atravessam silogismos temporais. Trata-se, de fato, de pensarmos as diferenças entre as teorias "decoloniais", "pós-coloniais" e as ideias "anti-coloniais". Todas essas perfilhações podem

---

1. BAUDRILLARD, Jean, 2002.

ser um caminho entre as duas primeiras, sempre tendo como horizonte a terceira. Nosso interesse aqui não é simplesmente sinalizar como uma intervenção pode criticar a outra, ou a diferença conceitual entre elas, ou ainda como se conectam em determinados aspectos envolvidos da questão.

Mas digamos que o pensamento pós-colonial pode ser visto como uma corrente múltipla e aberta, podendo ter caminhos que abordam temas pós-modernos e pós-estruturalistas; não é exatamente uma ruptura com o estilo "essencialista" do termo, em relação a herança europeia, que mais ocidentalizou o mundo à força do que se costuma dizer. O pensamento decolonial voltou-se para um projeto semelhante aos discursos marginalizados e radicais daquilo que chamamos de "esquerda", relacionado aos seus teóricos críticos, que buscam uma emancipação em um sentido mais amplo, no aspecto "revolucionário" do termo e na ruptura das tradições que foram impostas, nos trazendo, no caso, um passado visto como clássico, em sua propensão de modelo educativo e de referência.

Na busca por uma espécie de libertação de todos os tipos de opressão, de dominação, envolvendo projetos indisciplinares em mote, ligados aos territórios explorados pelos processos de colonização, temos o exercício de uma politização permanente sobre nós. Em sua defesa, existe uma geopolítica de resistência e reconhecimento desses espaços que foram extremamente oprimidos pelo percurso histórico moderno. Contudo, podemos também falar do modelo descolonial (a utilização do "s" coloca contrapontos de transformação não imediatos, de intermediações que podem desconstruir, desmontar, desfazer, uma medida que leva em consideração as temporalidades de assimilação do processo) posição que busca ser mais uma variante diante dos modelos já explicados. Acreditamos que com o passar do tempo teremos ainda mais variantes dessa mesma orientação conceitual e teórica.

As definições apresentadas aqui até podem ter outros caminhos, alguns mais delineados de acordo com os "consensos" já estabelecidos. Mas façamos uma pergunta: não é o tempo o que vai melhor definir essas conceituações e delimitações? O que não quer dar a entender que elas ainda não existam e não estejam ocorrendo entre nós. Fazer a pergunta é importante para situarmos essa questão e produzir outra.

Agora, faremos uma provocação quanto aos impasses que esses campos dizem querer resolver, propor, criticar, problematizar e dos quais até se aproximam, sendo bem sucedidos, alcançando patamares satisfatórios, devido a dedicação a esses estorvos que o "velho mundo" nos trouxe. Nos parece também um movimento óbvio, se virmos que esses alcançam tais "resultados" em relação aos que não querem fazer isso e se contrapõem na "essência" da questão contrária, diretamente a favor da colonização, visto que não se interessam em fazer essas construções, ou nem entendem o porquê de fazer isso e que, diante dessa realidade, essas contribuições estão fechadas em si mesmas, não sendo tão vantajosas quanto elas se autodenominam. Por isso, então, são pegas de surpresa tanto pelos seus (considerados) adeptos quanto pelos seus supostos adversários.

O que estamos tentando dizer é que nos parece que para compreender essa tensão negativada na qual vivemos sob o âmbito dos desafios, os patamares da vida estão nos provocando para visualizá-la e caminhar no sentido de irmos reconhecendo os limites das nossas abordagens fora da influência e dominação ocidental; de onde vem essa construção que sobrepuja o nosso viver? Mesmo antes de reconhecer a necessidade de nossas críticas em relação a isso tudo, sabemos que um dos caminhos principais de nosso compromisso está em dizer que deveríamos nos gostar mais, nos valorizar mais, acreditar mais em nosso conhecimento, nos respeitar mais, estar mais satisfeitos entre nós, nos levar mais a sério e perceber vida, cultura, música, estética, história, prática e teoria inteligente entre nós, não acham? Reconhecemos, não temos nada mais interessante para dizer nessa seção além disso, por que sem produzir essas "simples" ressalvas, sem começar do começo, não vamos chegar a nenhum lugar que mobilize forças harmoniosas de cunho crítico, de luta política, de transformação social e teórica, ao nosso ver.

Pois não tem como construir posições pós-coloniais e decoloniais (descoloniais) produtivas, ou mesmo anticoloniais, sem primeiro aprofundar esse "pequeno" fenômeno "do caranguejo no balde; que ao tentar sair do balde é puxado pelos outros".[2] Muitos têm usado esses conceitos para atacar os inimigos errados, e observamos que essa atitude atraiçoa o conceito fazendo política e cultura. Porque no fundo reiteramos parte do absurdo e estamos convencidos de que gostamos menos de nós mesmos (do nosso conhecimento)

---

2. Essa expressão é bastante conhecida em termos que explica a competição social e a insegurança psicológica de aceitação que gera a inveja – "se eu não posso ter e nem ser, você também não". Esta dita metáfora descreve aquilo que é um padrão comportamental que pode ser observado, "cientificamente", nos caranguejos que estão presos em um balde; eles não se ajudam a sair do balde, mas se botam todos para baixo.

do que de nossos ditos adversários (no caso, os ocidentais), que gostam de si entre eles – no sentido profundo que a palavra sugere –, acarretando uma amargura complexificada. Trazendo o gostar tanto de nós em relação a nós mesmos (do que produzimos do ambiente ao qual pertencemos enquanto pessoas que se levam a sério) como de nós sendo os outros que produzem as relações à nossa volta, no mesmo sentido e capacidade de potência e reconhecimento. A falta de reconhecimento de si mesmo como sendo o outro afoga aos poucos qualquer potência anticolonial politizada.

V
QUAL SERIA A TEMPORALIDADE HISTÓRICA DO RAP: A TEORIA DO RAP

Na abertura do seu livro *A grande história da evolução*, o etnólogo e biólogo evolucionista Richard Dawkins nos coloca uma máxima importante de Mark Twain: a história não se repete, mas rima. A rima é aqui um "passado prático", um antigo presente, agora, em nome da teoria do rap. Essa dimensão caracteriza o papel de uma sintonia do rap presente na história. A temporalidade do rap tem uma praticidade que incorpora e articula gêneros literários musicalizados (o conto, a prosa, o folclore urbano, regional, as fontes que um barraco proporciona) expressando dialetos, dialéticas, gírias e outros recursos que estão em nome da autonomia da fala, em seu processo de atividade cotidiana e mediadora da realidade, que emociona sem caracterizar com adjetivos específicos de valor. Temos a manifestação materializada de uma teoria em curso aos olhos de quem vê. O texto do rap é uma rima tautológica irreprimível.

Se a história possui suas alegorias e batalhas, o rap também, podendo transcrever partes do ritmo dessa historicidade. A etimologia da palavra *rap* tem uma relação com a historiografia da poesia e do ritmo.[1] As discussões que explicam sua origem acabam colocando essa palavra como produto dos bairros pobres do Bronx de Nova York, no início dos anos de 1970.

Analisando a história da eugenia em 1916, quando a primeira clínica de controle de natalidade, a Federação de Paternidade Planejada da América, foi aberta pela médica Margaret Sanger, em Nova York, nos Estados Unidos. Um dos primeiros objetivos da instituição era a esterilização de mulheres negras e de mulheres brancas pobres. Atos passam a ser desenvolvidos inicialmente no bairro Brooklyn, nos guetos. Isso pode explicar um pouco como o rap se constitui como um espaço de resistência nesses lugares. Uma herança de resistência que soube se aproveitar das tendências de perseguições históricas.

Ainda assim, alguns optam por sinalizar que o rap teria vindo das savanas africanas, nas narrativas dos griôs.[2] Outros sinalizam que o rap teria vindo das Antilhas da América Latina, com a imigração nos bairros pobres dos Estados Unidos. Esse vento coloca a origem de todo o conjunto de atributos que fazem do rap um estilo de vida que enfrenta a precariedade da vida que foi construída para subjugar grupos específicos. Nessa equação, o ritmo se faz no tempo, sendo o acontecimento e o instante que se lança no movimento do peso dramático da história; e para isso a poesia é mais

---

1. TEPERMAN, Ricardo, 2015.

2. Ibidem. p. 13.

uma configuração de intervenção crítica, que pertence mais ao seu formalismo como forma de expressão, não ficando submetida ao poema. Seu engajamento principal é com a literatura dançante e com a força que seu discurso opera na sociedade, preocupado em servir à rebeldia social, denunciando e reescrevendo a importância das estórias sociais que se repetem violentamente.

Falemos em Aristóteles. Na poética, este, observando Crates na busca de emergir histórias que sirvam à potência humana, constrói enredos nos quais temos a constatação de que a poesia expressa o universal e a história o particular.[3] Desse modo, a poesia conserva uma força comprometida em dizer algo além do discurso histórico, para se introduzir numa história viva, independentemente do tempo no qual ela se faz. Vejamos:

> O historiador e o poeta não diferem pelo facto de um escrever em prosa e o outro em verso (se tivéssemos posto em verso a obra de Heródoto, com verso ou sem verso ela não perderia absolutamente nada o seu carácter de História). Diferem é pelo facto de um relatar o que aconteceu e outro o que poderia acontecer. Portanto, a poesia é mais filosófica e tem um carácter mais elevado do que a História. É que a poesia expressa o universal, a História o particular. O universal é aquilo que certa pessoa dirá ou fará, de acordo com a verossimilhança ou a necessidade, e é isso que a poesia procura representar, atribuindo, depois, nomes às personagens.[4]

---

3. ARISTÓTELES, 2008. p. 46.
4. Ibidem. p.54.

Para Aristóteles, podemos destacar, a poesia e a história podem se utilizar de formas idênticas para operacionalizar suas matrizes, pois diferem em concepções de mundo. Podemos dizer, para além de Aristóteles, que a história revela outra forma de universal. Sendo o rap uma junção entre história e poesia, discurso autobiográfico e ciência social, temos um mundo complexificado para orientar novas concepções de mundo e de sociedade. Diferentemente de Aristóteles, não precisamos hierarquizar a relação entre os elementos. Caracterizamos o que constitui suas diferenças na potencialidade dos quadros, ao invés de nos preocuparmos em concluir o resultado triunfante dessas ações agindo separadamente no mundo. A autoridade de Aristóteles, em seu silogismo, manifestou sua influência por dois mil anos, sendo reconhecido como o inusitado e mais precioso argumento admitido pelos estudiosos da lógica.[5] Sua autoridade era tamanha durante esses séculos, era praticamente deselegante ousar criticá-lo em sua lógica, mas Aristóteles não se ocupou em descrever a lógica em termos relacionais.[6] Aristóteles pode ter aberto a porta da poesia para o rap entrar na história. Os meios dessa desenvoltura do mundo relacional colocam uma das dimensões da teoria do rap, que é composta sobre essas estruturas, – o que muitos ocidentalizados irão negar, não por uma lógica de argumentos coerente, que legisla e coloca base em seus pensamentos, mas por um estranhamento classista, que assim se movimenta para defender uma tradição que no fundo não está submetida a uma visão estreita de interesse no mundo.

---

5. RUSSELL, Bertrand, 2001. p. 116.

6. Ibidem. p. 120.

QUAL SERIA A TEMPORALIDADE HISTÓRICA DO RAP: A TEORIA DO RAP

O poeta e o rapper são o mesmo, e sua lógica constitui uma teoria (o seu discurso) que é a conexão com a história; seu gênero literário é um dos aspectos de seu método. Odilo Engels, em seu texto, *Compreensão do conceito na Idade Média*, se referindo ao conceito de história, em suas várias definições e interpretações promove uma cronologia comum nestas aproximações da poética nas canções populares, cujo interesse se manifesta nos seus apresentadores e ouvintes, e entende que o tempo tem o papel de engolir essas culturas. A escrita da história latina é excepcionalmente anunciada em termos de rima. Nesse contexto ela surgiu para enriquecer as leituras educacionais e escolares, servindo para fins biográficos, situando uma história pessoal dentro das situações específicas da vida, em sua elaboração rítmica do exagero panegírico, prescrevendo também arremates de propaganda e apresentação radical dessas ocorrências na vida, em seu cotidiano dançante.[7] Medidas mobilizadoras de seu sentido movimentado pelo tempo histórico, entendido como *Historik*, *Historie* e *Geschichte*.

Pode surpreender, à primeira vista, que a poesia faça parte da construção do universal ligado a transformações, situando o que pode ser, de outra maneira, uma ruptura, uma produção que está de acordo com uma espécie de necessidade filosófica do povo. O rap se encaixa nesse jogo quando manifesta o seu caráter de denúncia dos fatos que foram, são e vão ser. Se nós deixarmos que assim seja. Entrando no cenário brasileiro, alguns MCs, *rappers* e o *hip-hop* dizem que o rap é produto para uma "revolução por meio das palavras". E dentro dessa trama, voltamos ao aspecto da história, porque

---

[7]. KOSELLECK, Reinhart; ENGELS, Odilo, 2013. pp. 68-69.

é ela que está nos aguardando, porque as revoluções estão dentro da história, e a instância particular se faz mobilizando o seu encontro com o movimento da vida.

O destino da manifestação aguerrida das palavras que fazem o transformador, o reformista combativo e o revolucionário produzirem literatura, situa a manifestação do objeto na ordem do dia: estamos condenados a encontrar a história do começo ao final de seu percurso na vida. Não seria à toa que na Alemanha, na cidade de Königstein, em janeiro de 1850, Mikhail Bakunin, em sua identificação numa ficha policial, tenha sido denominado como *um literato*.[8] Suas atividades estão ligadas a uma visão de mundo que expressa a literatura como fonte e lugar da crítica na prática.

Muitas vezes, uma espécie de senso comum tanto acadêmico quanto social entende que a teoria é uma coisa e a prática outra, mas na realidade a prática é a expressão de uma teoria, e a própria teoria, uma maneira prática de agir e de ação organizada. É nesse sentido que a ideia de uma história social desligada da teoria se manifesta para prejuízo da própria disciplina de história e das histórias que temos em mãos dentro dela.

A palavra *rap*, nos dicionários de inglês, os quais apresentam este vocábulo a partir do século XIV, significando, na maioria dos casos, "chocar", "bater" e "criticar". Alguns historiadores, como Johan Huizinga e Peter Burke, situam assim esse jogo das palavras (segundo o tropo antropológico de Ricardo Teperman).

Ao estilo dos jogos de linguagem, como maneira de não ver as palavras somente pelo viés das suas essências

---

8. LEHNING, Arthur, 1978. p. 158.

tradicionais, mas estabelecidas dentro de um jogo de comunicação entre pessoas em contextos específicos de uso da linguagem, encontramos uma atividade humana que é submetida e situada culturalmente e historicamente pelos grupos que a fazem – posição que Ludwig Wittgenstein, depois de se libertar de seu *Tractatus Logico-Philosophicus*, ajudou a sustentar. *Os jogos de linguagem* (Sprachspiel) de Ludwig Wittgenstein é um dos primeiros expoentes contemporâneos para a defesa da condição do rap enquanto teoria social, expressão conceitual filosófica e também de episteme política.

No caso, os jogos de linguagem expressam uma troca, uma comunicação que, por cumprir essa função, se alinha com a temporalidade funcional, se transformando em uma posição tão importante quanto a língua culta, uma vez que amofinam a mesma regra, ou seja, onde grupos e pessoas marginalizadas buscam se entender diante de suas construções, utilizando a língua, mobilizadas pelos símbolos e objetos que elas próprias proporcionam – em nome de suas causas de vida e resistência –, produzindo regras próprias sobre um conjuntos de falas e expressões – muitas vezes divertidas – em uma construção própria de mundos, rimas, gírias e vocabulários em sua conotação comunicacional, inteligente, classista, politizada, criativa, identitária e irônica. Nesses termos, a língua é democrática por si mesma, nessa perspectiva está muito mais à esquerda do que à direita enquanto posição antropológica na política.

Isto é, os sons produzem uma fala que constrói a língua – a fonética está em seu espaço sempre ativo; já o dicionário, é como a fotografia que registra um instante no tempo, mas não é o tempo, nem o que está fotografado, pois a paisagem fotografada continua mudando, assim como a criança fotografada não para de crescer. Assim como, quem olha esse instante da vida e acaba modificando seu olhar sobre a existência, na linha do que lhe foi apresentado como estático, sendo que aquilo que está capturado na imagem acaba ganhando contornos profundos que misturam a temporalidade; mesmo que essa existência não seja uma qualidade, qualificaremos essa invisibilidade da vida assim. E dizemos mais: a fotografia é a condição da vida que nos mostra que a divisão de tempo entre passado, presente e futuro não são produções que possam ser delicadamente separadas, sendo condições da existência críveis. Essa atribuição quando não feita pode nos gerar uma dependência emocional que prejudica nossos julgamentos, nos fazendo buscar ver na representação tudo, menos o que é factível de abordagem naquele momento da ação fotografada. A linguagem se manifesta nesses mesmos moldes, não para de mudar, transformando-se e desenvolvendo-se, pois eternizar o dicionário é a condição prévia da própria morte das elocuções; o rap é a manifestação da recusa da morte da língua entre o povo e os significados das palavras.

Dialogando com o trabalho de Ricardo Teperman, temos um improviso verbal, uma conversação, que se encontra nas mais diversas tradições, como na Polinésia, na Sicília, no Japão e na Suécia. Na França, *gaber* aos tempos de Carlos Magno, no século IX. Um historiador como Huizinga conta que *gab* significa "troça" e "escárnio", como prelúdio de um combate ou da parte de um banquete. *Gaber* era entendido como uma arte. A genealogia da expressão é incerta. No

QUAL SERIA A TEMPORALIDADE HISTÓRICA DO RAP: A TEORIA DO RAP

idioma português, o verbo *gabar* é usado como sinônimo de "jactar-se" e "vangloriar-se". Termo muito próximo a algo típico dos textos e das letras de rap: os duelos – ou improviso, de forma geral – onde se ataca um "outro". Esse "outro" pode ser todos aqueles agentes que fazem parte de um grupo social particular, ligado a um atributo sociológico da sociedade.[9] Em termos conjecturais de uma filosofia da história, o rap seria aquele fio condutor que rompe e se entrelaça, como a folha que cai da árvore, rompendo com a dita lenhosa, para adquirir sua vocação de um voo breve e marcante, que define a sua vida; ao cair no solo, a folha representa um mesmo ciclo que poderá reativar outras árvores. Por isso o rap é um diálogo próximo à conversação grega (διάλογος), o *hip-hop* tem traços dialéticos, sendo o duelo medieval de Pedro Abelardo, possuindo uma retórica musicalizada; mas em termos do agir comunicativo de Habermas. Portanto, cabe lembrar as ressalvas de Leonardo R. Santos Leitão quando sustenta a seguinte condição: não se trata de olhar para as letras de Rap como simples reflexo da internalização do discurso acerca das relações raciais no país, mas sim, procurar entender que "teoria nativa" emerge dessa produção e em que medida ela dialoga com as teorias e interpretações já consolidadas.[10]

Ademais – diferente exemplo, mas similar a esse – são as manifestações que se conectam em forma de cantorias de ataque, defesa, crítica, reflexão, solidariedade, caridade. Delineando "leis" da vida e da resistência social, que vão das

---

9. TEPERMAN, Ricardo, 2015. pp. 14-15.
10. LEITÃO, Leonardo R. Santos. "Só quem é de lá sabe o que acontece": a interpretação das relações raciais nas letras de rap no Brasil. In: *II Seminário Nacional de Sociologia e Política*, 2010, Curitiba. *Seminário nacional Sociologia & Política* (on line). Curitiba: UFPR, 2010. V. 7. p. 2-14.

manifestações culturais que assimilam, no Brasil, os personagens dos Exús aos Orixás. Personagens que estão situados dentro da lógica ioruba e nagô como expressão que se assenta no mundo pelo verbo e para explicá-lo enquanto alegria, loucura, dor, vício, caridade, jogo, força, equilíbrio e justiça.

    A história do rap enquanto concepção de mundo também se manifesta por esses meios. Demonstrar isso é um dos nossos objetivos neste trabalho. Lembramos que falar de rap é situar a história da música e da cultura preta (negra). Temos no funk um dos galhos dessa imensa árvore de expressão rítmica, de sorte que encontramos suas batidas indo no caminho das mesmas colisões de *Alujá*, aquele toque sagrado do Orixá Xangô. Nestes termos, negar e não entender o funk também é negar e não entender Xangô e seu papel entre nós; é colaborar com lógicas como a da intervenção histórica *Quebra de Xangô*, que incidiu em uma grande perseguição direcionada aos terreiros de matriz africana no Estado de Alagoas no ano de 1912.[11] Isto é, a perseguição policial violenta corpos, sonoridades, ritmos, o jeito de caminhar na rua, o boné, o moletom, a calça larga, a dança que se apresenta – sabemos que aquele balançar da cabeça rimado incomoda.

    Existe uma história de estilos musicais que foram aculturados para que não fizessem muito barulho. O estrondo pode ser político ou estético, envolvendo uma assimilação do que deveríamos ter preconceito e deixar que violem, que violentem, devido a nossa educação concreta e social enquanto reduto imaginário e psicológico, ligada aos acontecimentos na história da arte contemporânea. Damos um

---

11. MARTINS, Guilherme de Castro Duarte, 2017.

exemplo: a música inglesa, desde *The Beatles* até *Radiohead*, é marcada pelo estilo sincopado; este elemento, a síncope, é na verdade uma caracterização musical de sons culturais de origem jamaicana (o mento, o ska, o rocksteady e o reggae), africana e do candomblé. Temos, assim, um efeito rítmico que opera sobre o espaço vazio da música, o dito contratempo ou mesmo aquele período lógico do tempo fraco que é aplicado em relação ao tempo forte. Neste aspecto, escutamos e admiramos *The Beatles* e *Radiohead* sem perceber o que está para além deles. Mas o truque é justamente esse, não perceber a cultura africana ali, silenciá-la. Por mais que os músicos em questão assumam esses valores, o ouvinte e o fã já estão envolvidos em uma contextura feita para negar os ditos fatos, nem tanto por sua capacidade de observar a cor da pele dos envolvidos, mas pela sua percepção que ignora a cor dos sons e dos ritmos sobre o aspecto cultural da ênfase.

"Principiando" a história dessa trama, comunicamos um lado muito significativo. Existe um livro que retrata a "realidade histórica" do Brasil, que percorre o contexto de São Paulo dos anos de 1880 a 1924. Percurso que se relaciona com uma temporalidade histórica do rap, pois esses elementos se encontram em sua manifestação de conteúdo, não de um passado que explica o presente somente, mas de uma condição da vida permeada de verossimilhança que fortifica as raízes no tempo social de um país, que vive sobre o reflexo dos valores escravocratas em suas mais variáveis alocuções da sociedade, que se reproduzem com a leveza do tapa de luva em uma brutalidade fervorosa, funcionando como posição psicológica. Escrito por Boris Fausto, o livro se chama *Crime e Cotidiano: a criminalidade em São Paulo (1880 –1924)*.

O período abrange as consequências do fim da escravidão, a imigração, o aparecimento das fábricas e da indústria, o surgimento do movimento operário, do anarquismo negro – em sua expressão bastante combativa e o florescimento da vida urbana em seus passos definitivos. Tudo isso num dos estados que vai ser um dos centros urbanos mais importantes do Brasil.[12] Sabemos que o rap manifesta uma denúncia aos caminhos mais percorridos de uma má administração da política que atinge a população. Nesse sentido, o rap é a mais cabível comprovação dos caminhos articulados pelos conceitos que trazem uma realidade histórica, colocando uma manifestação que negocia este saldo do passado no espaço das vidas presentes ao seu redor.

O rap é uma expressão de contestação em relação à subordinação de um cotidiano brasileiro que é basicamente histórico. Boris Fausto denuncia a criminalização da vadiagem como um conceito aberto, que abarcava muitos modos de vida, a dita "capoeiragem" e as particularidades que envolvem a higienização da cidade em seus aspectos mais significativos. Temos aí as raízes da segregação ontológica deste país.[13]

A ideia de que a população trabalhadora brasileira é constituída por vagabundos é uma constante nesta sociedade. Quanto mais baixa e reivindicativa a camada social, mais ficam situadas no âmbito da "vagabundagem"[14] – sendo a palavra "vândalo", usada em nossos dias, uma outra esfera de um mesmo percurso ideológico.

---

12. FAUSTO, Boris, 1984.
13. Ibidem. pp. 33-34.
14. Ibidem. p. 39.

Nos limitamos a observar como foi se formando um código de "ética social" no Brasil, passando por elementos ideológicos que, além de reforçar um processo de perseguição aos filhos dos escravizados (construindo novas formas de marginalização social e de produção de uma concepção de mundo que facilita a criminalização), acabaram fornecendo uma ruptura com o passado histórico do Brasil.

Isso equivale a dizer que, quando falamos de nossas mazelas sociais de hoje, nos remetemos exatamente à história dos escravizados. O que vivemos no Brasil no século XXI se explica por uma herança dessas causas que refletem, por assim dizer, a continuação de um processo em nome da servidão e da perseguição da população, exclusivamente, negra, preta e pobre, produzindo todo um corpo de estruturas sociais e quadros psicológicos, traduzindo esse legado escravista como modo de vida. De certo modo, faz muito sentido pensar assim. O problema é quando esquecemos que essa construção é uma espécie de passado que existe vivo em nós. O desejo de escravizar pode ser o mesmo, entre os tempos, em parte, o que se adapta, se sofisticando, são os modelos teóricos de convencimento.

Percebemos que o racismo e os modos operantes da criminalização e da exclusão social foram se aperfeiçoando e se sofisticando adjetiva e substantivamente, produzindo novas formas de presente. O próprio século XX criou formas de racismo muito mais desenvolvidas que o período colonial.

O racismo foi muito mais idealizado no século XX do que nos séculos anteriores, que através da lei e da escravidão tinham uma legitimação social que o século seguinte precisou reinventar e aperfeiçoar em suas linhas teóricas, organizando

um arcabouço consistente para sustentar suas sandices. Dito em outras palavras, o racismo precisou realmente ser implementado quando o sistema da escravidão acabou. Enquanto ela existia, sua realidade material dava o formato ideal e delineado que faltava aos conceitos e teorias raciais. É quando essa instituição não existe mais na história que precisamos reforçar os códigos mais profundos para uma raciologia, pois dela nem os que lutam contra ela podem escapar. Seu imaginário é frequentemente capturado em classificações que servem para taxonomias humanas bem intencionadas.

O que queremos dizer é que existe um "passado prático", em suas especificidades diferenciadas, que é trabalhado contra os historiadores em suas denúncias de maneira geral, fazendo, em determinados casos, mais história do que seus gloriosos métodos, pois os historiadores ainda não se apropriaram dessa forma de fazer da história, a do "passado prático".

A propósito, o que chamamos de teoria do rap é um campo aberto, indefinido, um movimento inefável das palavras que vão construindo um sentido sensível de atuação no mundo. Um conceito. Um gênero político e literário. Essa esfera tem uma dimensão temporal que explica as ruas da cidade, as esquinas do mundo. A temporalidade histórica do rap é um fenômeno que corresponde às articulações de um mundo moderno que só espera que demos um motivo para que se prossiga a execução do sistema em sua normalidade.

Para Reinhart Koselleck, uma palavra e suas repetições no tempo articulam a capacidade de estabelecer noções que podem ir produzindo significados, revelando um conceito, uma cultura de entendimento. Nesse cenário, a teoria da história e sua relação com o tempo não se caracteriza somente como um encontro de campos (entre o rap e a história), mas enquanto revelação da vida em sua historicidade. Temos uma polissemia social. As transformações das palavras captam a realidade. Segundo Koselleck, uma palavra está ligada a um saldo empírico que sustenta a prerrogativa das circunstâncias políticas e sociais no tempo.[15]

Ao se tratar do mundo do rap, entendemos que a palavra morte também é produtora de um tipo de vida e que também produz história, pois expressa todo um conjunto de significados que são ambivalentes. Ou seja, a teoria do rap falaria muito em morte, mas essa esfera é um fenômeno que projeta todo um campo de redistribuição das formas da morte e das palavras silenciadas e marginalizadas – em nome da vida e da batalha na vida, para resistirmos e não morrermos. Avisando sobre aquele círculo vicioso de crescimento das forças que perseguem a nossa própria existência, trazendo também um conceito prático que se formaliza diante dessa força repressora sobre nós. O rap se situa entre a oralidade e a escrita, descrevendo sobrevivências.

Há uma dinâmica histórica sobre suas cabeças, oferecendo um mapa sobre seus corpos e uma medida imaginativa que vai sendo aprisionada, conforme seus erros e acertos num cenário violento. Devido a tal panorama ser imperativo sobre todas as pessoas nas quebradas, exercendo uma equidade negativa que se faz forçada, existem poucas diferenças entre seus pares, como trocas de valores (entre o bem e o mal); e é isso que a mentalidade da esquerda emancipatória não consegue entender, por falta de uma inteligência teórica e empírica.

---

15. KOSELLECK, Reinhart, 2006. pp. 108-109.

Explicamos: a qualquer momento tudo pode acontecer mais na periferia do que em outros lugares. É nesta hora que falar em machismo, racismo e homofobia pode não comover ninguém, dado que todos e todas já experimentaram este fenômeno social distribuído por outros meios e percepções (o que é permanente aqui não é a revolução do Trótsky, mas a sensação de tensão da desgraça); estas moradas acabam diminuindo a demonstração dessas particularidades específicas em sua conotação trágica do conceito oferecido; sabemos, refletir sobre estes assuntos que carregam as mazelas sociais sem ao mesmo tempo se machucar bastante é tema difícil, pois a vida é transformada nisso. Ao se verem, o povo, diante de um problema que não depende somente de suas ações para ser resolvido, dizem, e é preciso dizer assim: "Lamentamos tudo isso, todas essas injustiças, mas temos que tocar a vida".

Nestas condições, rememorar dores em nome de nossa crítica social parece ser um ponto ridículo, de quem quer seguir reto em uma curva, pois todos e todas sabem que a favela, a dita comunidade, a vila e o bairro, não deveriam existir na mesma proporção dos fatos, e mesmo assim existem. Como a esquerda se resumiu a fazer mais descargo de consciência do que militância de base, para passar bem e realizar mais projetos (pessoais de desejos mesquinhos) na política representativa, ao invés de fortalecer vínculos transformativos que se manifestem no tempo, as coisas mudam e não se alteram. Mas o populista, na idolatria de seus heróis, realiza a sua única diversão: aquela festinha esperada no fundo do gabinete do tecnocrata que promete aquela

melhoria que jamais será alcançada perante essas condições, pois não depende dele exclusivamente.

O que chamamos de rap pode ser articulado àquilo que se traduz como cultura do *hip-hop*, às relações de classe, à construção de identidade e à arte. A medida em que esse fenômeno cultural e social manifesta certa expressão entendida como quinto elemento e, para além dele, temos um panorama de conhecimento que entrelaça todos os seus rudimentos, do primeiro ao quinto, que responde e se identifica nessa materialização empírica do conteúdo à resistência; em uma abordagem da sobrevivência na vida que se encontra em nossas mãos. O *hip-hop* é, em suas particularidades, um texto, segundo Jacimar Silva Gomes.[16] Para definir essas conjecturas, nos aproximamos daquilo para que Hayden White chama atenção em *O conceito de texto: método e ideologia na história intelectual*,[17] em que o autor reconhece que existem "hoje" novas formas de servir à tarefa do discurso histórico, ligado a uma hermenêutica que se faz vinda de caracteres filosóficos, linguísticos e da crítica literária – que não deixa de ser um movimento da própria historiografia.

O texto se faz sobre um conjunto de contextos internos ao próprio texto, construindo a dita realidade. Muitas vezes, a experiência de uma realidade não aparece diante de um esquema sustentado externamente, mas de uma condição que deixa o texto fluir sob suas condições internas. Mobilizando uma condição de vida que por ser precária e perseguida, sabe produzir precisamente um "discurso", um

---

16. GOMES, Silva Jacimar, 2009. p. 157.
17. WHITE, Hayden, 1992. p. 195.

diagnóstico e perseverança que nem mesmo a capacidade da teoria está preparada para entender.

Em outras palavras, o que faz o conteúdo de um texto se esgotar é sua própria condição que institui as regras do próprio formalismo textual. Existe uma contradição em todo o conteúdo formulado no momento. Os conceitos produzem dimensões anti conceituais. No caso, o passado e a história não precisam de uma pressão externa para se esvair, a disciplina da história não precisa de textos que a "disciplinem" simplesmente. Fazer isso obscurece os seus sentidos e sua potência, negando o fundamental de sua temporalidade.

Agindo assim, a historicidade acaba se articulando ao rap, sem precisar ficar se explicando muito, se basta em ser um elemento que faz história justamente porque não se regula enquanto princípio antecipado. Atuando antes da manifestação do método que fabrica o afeto, em seus aspectos gerais, excluindo a possibilidade do afeto intelectivo se fazer sobre si mesmo; por isso, o rap existe como trajetória dançante, produzindo metodologias, a colocando em seu lugar, com respeito, mas sem arrego. Nesse esforço, não procuramos executar um pensamento crítico que force as pessoas a serem críticas sem antes terem um pensamento que só se construirá na medida do tempo de cada um – para que possam também refletirem os meios e causas de suas críticas –, precisamos, primeiro, pensar o rap produzindo teorias sobre si mesmo, para somente depois podermos ter a chance de uma certa catarse inteligente sobre os fatos.

VI
UMA TEORIA DA HISTÓRIA E O ESPETÁCULO DO CIRCO DOS HORRORES NO BRASIL

A ordenação dos temas vai se dar segundo uma articulação de mundos. Toda a teoria da história tem um papel social que obedece, em parte, ao mesmo significado de um escritor socializado. Um texto não se produz sozinho e não se faz sem estabelecer uma mediação entre diversas forças e conexões, explicadas por si mesmas, e outras medidas que colocam sentido ao texto predicado. Ao mesmo tempo, sabemos que toda conclusão de um texto é uma redução. Essa situação evidentemente formaliza uma insatisfação, por isso, a expansão destas mandíbulas esforça-se para oferecer determinados pontos que ultrapassem as expectativas. Obtemos com isso uma simbiose, uma potência.

Começaremos nossas análises penetrando nos textos em forma de letras musicais produzidas pelo grupo de rap *Facção Central*, mais especificamente as que compõem o álbum *O Espetáculo do Circo dos Horrores*, lançado no Brasil em 2006. Acreditamos que o conteúdo desses construtos se coloca à medida em que a análise de conjuntura histórica do país estabelece uma correspondência nítida com uma espécie de "passado prático" que vai além dos campos exclusivos da teoria da história e que acaba sendo uma porta aberta para aquilo que chamamos de teoria do rap, como manifestação consciente da análise de um percurso pedagógico da vida dos pobres e marginalizados. Situamos principalmente aquelas manifestações que se fazem pelo viés contestatório, ligado a uma crítica social interessada em fazer parte dos arcabouços históricos, permeando a condicionalidade aos fatos que todos os movimentos sociais ajudaram a desencadear e reivindicar na história.

O argumento teórico d'*O Espetáculo do Circo dos Horrores* é bem sucedido em seu exame sócio-político, porque o Brasil, de fato, muda menos do que as propagandas de governo que a esquerda promove disfarçadas de análise histórica. É no Brasil onde as figuras intelectuais que carregam a desenvoltura de estarem representando as classes e grupos desfavorecidos historicamente se transformam mais em celebridades do que em analistas sérios, estudiosos e comprometidos em seguir certo arcabouço de valores, certa herança da tradição histórica revolucionária da esquerda. Mas esses problemas também ocorrem quando artistas do rap acabam ocupando ambientes de influência crítica, se dizendo militantes para ocupar os espaços dos movimentos sociais. Com essa atitude, acabam minando a importância participativa desses movimentos, de seus estudiosos, de setores da educação pública, professoras e professores; geralmente, acabam tomando essa atitude guiados pela lógica do capital, para ocupar espaços e promover sua vida financeira. Isso quando não utilizam de recursos pautados na lógica do mundo dos *influencers* (ou mesmo articulistas de um marketing de influência) que estão dentro das plataformas digitais; muitos deles estimulados ou contratados por grupos e empresas comerciais como *Facebook*, *Apple Music*, *WhatsApp*, *Spotify*, *Google*, *Instagram*, *YouTube*, *TikTok*, *LinkedIn*, *WeChat*, *Twitter*, etc. Observando o nome das plataformas, em geral, podemos perceber o efeito colonial da língua distribuído em seu aspecto também digital da questão. É nessa hora que as facetas "anticoloniais", em seus vários formatos já expostos acima, se mostram frágeis. Por desconhecer parte significativa desses problemas e sobre esse repertório, não têm muitas propostas a trazer; a não ser aceitar silenciosamente esse processo, mas disfarçando e deslocando energias "anticoloniais" em lugares menos influentes e menos importantes do sistema. Dito em outras palavras: é preciso transformar o mundo sem se incomodar. Parece uma posição irônica, impotente, ridícula e cínica, mas muitos têm se contentado e vivem muito bem neste mundo fantasiado de emancipação social e racial descolonizante. Contudo, sabemos que o rap e a cultura *hip-hop* podem ser muito bem compradas e esvaziadas de sentido político e cultural, sendo facilmente despolitizadas pelo recurso do capital social que se encontra distribuído na sociedade. Reconhecemos também que sua faceta teórica é uma defesa organizada contra seus adversários racistas. Reconhecer esse aspecto politizado da teoria do rap é um dos sinais de resistência e posição de existencialismo social que almeja as condições de liberdade sartriana – jamais neoliberal, mas sim revolucionária. Principalmente quando essas senhoras e tiazinhas, mães da periferia, pais, tias dos revolucionários e revolucionárias puderem participar da transformação estrutural tanto quanto eles e elas, mobilização que é agitada e silenciosa.

Stephen Hawking admite a importância da consciência social na sociedade para se produzir ciência, quanto à análise de explicação causal. Faremos, então, uma digressão da qual o rap, cuja teoria favorece a cultura da ciência, faz parte. Hawking explica: no contexto de ida à Lua e, pouco depois, de chegada, a ciência teve uma euforia popular que caminhava em termos de se massificar socialmente, mas logo o interesse do público declinou rapidamente. A ciência ocidental traria grandes benefícios e, acompanhada deles, melhorias sociais, mas não trouxe. Este fato acabou desencantando e afastando o grande público da cultura da ciência e de sua defesa como fator de investimento e importância.[1] Nestes termos, o rap, em sua implicação social, é um defensor da ciência e acaba nos trazendo um papo reto – o *rapper* deve virar participante da governança, ou anarquista, ou cientista (e o cientista deve virar *rapper*) para realmente balançar a estrutura social e científica do sistema que está dado.

No entanto, sabemos que o rap, sua cultura e seus interesses percorrem caminhos muito mais amplos do que vamos abordar aqui. Tanto o rap quanto a literatura e a própria teoria da história são muito maiores do que nós; e toda a nossa capacidade de formular sentido, explicações, entendimentos, compreensões e conclusões sobre todo esses campos e quadros está fadada a um limite, até mesmo grosseiro. Mas talvez essa seja a nossa vantagem, se pensarmos a

---

1. HAWKING, Sthepen, 2018. p. 118.

UMA TEORIA DA HISTÓRIA E O ESPETÁCULO DO CIRCO DOS HORRORES

atual situação que temos na educação e na história que vai se produzir impulsionada pelo Brasil de hoje.

À medida em que vamos nos reduzindo a determinados textos aqui colocados em discussão, apresentamos uma articulação que tenta ser politizada e combativa sem deixar de ser complexa e mais intelectiva, cuja importância pertence aos interessados nessas abordagens, ao deslocarem suas vidas da arte ao ensino, da ciência à arte e da história ao engajamento político cultural. Pois tal atitude abrirá espaços, em detrimentos de outros, que podem articular uma tensão de conhecimento e reconhecimento social. Por esses motivos achamos importante essa intervenção crítica. E reconhecemos essas implicações que, ao contrário, certo tipo de produção da teoria da história não vê a hora de fazer parte de algo maior e participar de uma transformação profunda nesse país, pois entendem que chegou a hora, inclusive por medida de sobrevivência e recinto do pensar crítico, fazendo o opúsculo de sobrevivência da sua própria inteligência, criando novos desafios, novas urgências, novos ritmos, novas autocríticas, prescrevendo inovações históricas.

Há momentos na história, como reconhece Philippe Ariès em seu livro *O Tempo da História*, em que as escolhas precisam ser feitas, em que nossos objetivos mais modestos carregarão grandezas humanas mediadas pela sabedoria das escolhas mais sutis.

O historiador retrata a década de quarenta do século passado da seguinte forma: depois de 1940, todos tiveram de escolher – todos, sem exceção – ou fingir escolher, o que é o mesmo para quem quer caracterizar justificativa implícita nos costumes da vida.[2] Ou seja, o engajamento na história tanto ativo quanto silencioso ou passivo, se estiverem do mesmo lado, trilham a mesma história.

O *Espetáculo do Circo dos Horrores no Brasil* nos fornece um sentido triplo. O primeiro é o da expressão de uma realidade crua e nua de nossa história que está no passado, mas se manifesta mais no presente do que no "tempo", retratando a imagem desse acontecido no pretérito. O segundo, alguns dos limites de uma política emancipatória em nosso período de redemocratização. Vivemos uma ilusão a respeito dos anos que se seguiram após o ano 2000. Pode ser que o maior adversário dessas políticas tenha sido, para além de uma economia neoliberal, a idealização da neutralidade política da sociedade de consumo. O consumismo ao estilo capitalista trouxe o remorso perante o outro, reativando a inveja de classe que todas as "raças" e gêneros jamais deixaram de sentir. Consumismo que, aliás, praticamente todos, de alguma forma, abraçaram – ou foram por ele abraçados – e cujo limite se subtrai sobre uma dívida histórica de consumo que a sociedade brasileira sempre almejou e precisava viver. Realizamos uma carência ansiosa e que, por ser assim, realiza muita mediocridade. O terceiro, são as orientações da vida que favorecem a "fascistada" (chique e popular, que atravessa as classes) que está diluída no comportamento de manada. O tempo social no Brasil tem uma continuidade que é descontínua, evasiva.

O projeto de economia solidária de Paul Singer não teve apoio sério nem mesmo entre seus próprios pares. A posição das trabalhadoras e dos trabalhadores acabou se

---

2. ARIÈS, Philippe, 2013. p. 91.

desmanchando para introduzir novas relações de exploração em nome da dita modernização das condições de trabalho. Paul Singer coloca parte do problema assim:

> O que provocou a desindustrialização dos países centrais e mesmo de países semidesenvolvidos como o Brasil, eliminando muitos milhões de postos de trabalho formal. Ter um emprego em que seja possível gozar os direitos legais e fazer carreira passou a ser privilégio de uma minoria. Os sindicatos se debilitaram pela perda de grande parte de sua base social e consequentemente de sua capacidade de ampliar os direitos dos assalariados. Na realidade, pela pressão do desemprego em massa, a situação dos trabalhadores que continuaram empregados também piorou: muitos foram obrigados a aceitar a "flexibilização" de seus direitos e a redução de salários diretos e indiretos. Sobretudo a instabilidade no emprego se agravou, e a competição entre os trabalhadores dentro das empresas para escapar da demissão deve ter se intensificado.[3]

As relações citadas acima produzem um pântano social sempre visto pelo alto, organizado em palavras que amenizam questões mais enraizadas e cruéis da realidade na sociedade brasileira. Essas mesmas condições de vida são retratadas no cotidiano analítico pela teoria da história do *Facção Central* de 2006. Se os intelectuais, cada um a seu modo, percebem o andamento da carruagem e acabam fazendo suas denúncias, o *Facção Central* em 2006 é uma re-percepção, uma re-constatação das forças que estavam ganhando essa queda de braço. Logo, essa denúncia foi feita por meio de outros gêneros literários, entendidos como mais agressivos,

---
3. SINGER, Paul, 2002. p. 110.

dispensando este caráter sempre diluído dos textos que explicam as condições sociais sem franqueza, pois diante dessa metodologia se esconde muita realidade ao leitor. Aquele discurso reto, sem rodeios, de linguagem crua e nua também pode ser a caracterização de uma metodologia científica; quem não nos deixa mentir é o franciscano, crítico fervoroso do cristianismo, Guilherme de Ockham (1285 – 1347). A conhecida *Navalha de Ockham* entende que entre dois caminhos que nos levam a um mesmo lugar, o caminho mais curto e mais simples é também o caminho mais científico, e isto não é negar a complexidade da vida no mundo.[4] Neste aspecto, o rap revela sua condição de ciência social, teórica e empírica. Por isso o rapper precisa estudar para reconhecer sua condição de cientista popular.

É nesta hora que Aristóteles se encontra com a descrição lógica e analítica de caráter social do álbum *O Espetáculo do Circo dos Horrores* do *Facção Central*. Em Aristóteles, podemos dizer que a lógica tem sua relação com as palavras, embora este empreendimento não se resuma a descrever o seu sentido máximo em palavras somente. As palavras têm suas dimensões situadas em signos que mais ou menos distribuem representações sobre coisas não verbais. Lógica não é gramática – sabemos que sua influência pode existir sobre essa ciência, mas ela não se define nesta acepção.[5] Diante do campo de inteligência aristotélica, no qual se caracteriza o ser humano como um animal político, pode-se dizer que *O Espetáculo do Circo dos Horrores* é a demonstração de que o ser humano é um animal social, logo, o ser periférico é transformado mais

---

4. RUSSELL, Bertrand, 2001. p. 227.
5. Ibidem, p. 118.

em animal do que em um ser social politizado. A brutalização é produto de uma sociedade que funciona para nos trazer isso como resultado, do ponto de vista e análise que introduzem a percepção de uma ciência em jogo.

A poesia tem um caráter social que a história disciplinar geralmente dispensa como narrativa dos fatos. O mérito do *Facção Central* neste caso é formalizar a realidade brasileira em sua profundidade, passando por aqueles sujeitos do povo geralmente vistos como incapazes de penetrar na intelectualidade descritiva dos fatos que passam sobre suas cabeças, justamente porque sua condição de classe, gênero e pigmentação não encontram a legitimidade para tal respeito e consideração de conhecimento adquirido. Os ratos de laboratório não podem pensar e teorizar sobre as experiências que são concedidas sobre seus corpos.

O processo de desindustrialização no Brasil desde as décadas de 1980 e 1990 está ligado a um lento processo de democratização esvaziado de povo. A mentira liberal sempre desencadeou a fantasia de tentar juntar essas duas operações: a industrialização e a democratização, ambas ocorrendo ao mesmo tempo por dentro da esfera do mercado e protegido por ele. Este caso se resume a história da Inglaterra, em momentos específicos. Mesmo que ele seja uma exceção, se tentou universalizar essas condições como uma situação possível em todos os países independentemente de sua história. Mas quando aceleramos o processo de industrialização no Brasil, acabamos fazendo esses avanços por meio da selvageria capitalista, enaltecendo procedimentos brutais de genocídios que se fazem lentamente e sem "alvoroço" público. E quando aceleramos o processo de democratização da vida participativa sobre as questões gerais da sociedade, em sua distribuição das riquezas de sobrevivência, diminuímos o ritmo temporal que o mercado capitalista exige, evidentemente favorecendo uma outra faceta, a da selvageria. Assim ficamos presos a um processo de sucateamento tecnológico de um lado e de consciência de classe e democrática de outro (a conhecida democracia participativa). De forma que, a luta comunista, anarquista e dos movimentos sociais não consegue promover o desencadeamento das forças sociais, para que o aumento dos níveis de participação se estruturem a si mesmos.

Esses modelos acabam sendo vistos como uma afronta contraditória ao poder e à idolatria do salvador da pátria, como mote já assimilado historicamente pela população, que não o vê como uma etapa do processo, mas como condição legítima de seu reduto último da certeza social; assimilação que lhe foi ensinada e estimulada, durante décadas, séculos, pela luta representativa. A desconstrução desse modelo de conservadorismo assimilado é o intervalo que se constitui de uma esquerda estar à esquerda como perspectiva de sociedade.

Nestes termos, digamos, a temporalidade da distribuição dos poderes geridos é maior do que a da concentração. Sobre essa problemática, a intenção capitalista de acelerador do relógio social favorece as condições de absoluto e de mediação concentradora das riquezas; e as grandes promessas de primeiro acumularmos para depois distribuirmos se mostra uma farsa; e todos e todas caem nessa ladaia, já que parte da hegemonia teórica da esquerda também reitera esses valores. O problema não é exatamente o nível de nossa democratização, mas seus horizontes que jamais tiveram a ambição de encarar de frente os déficits profundos e problemáticos da mentalidade brasileira em seu aspecto de perspectiva de mundo. Tanto os partidos de direita quanto de esquerda trazem pobreza política e manifestam sua psique cultural ingênua, excelentemente reacionária e pouco criativa diante dos problemas mais caros que atolam a vida brasileira.

Pagamos tanto pelo que fizemos enquanto projeto de esquerda quanto pelo que não fizemos e não vimos, ou melhor, menosprezamos. Só que existe um lugar da sociedade no qual essas forças chegam primeiro, e o *Facção Central* retrata a imagem de um Brasil em sua condição social em 2006, mostrando uma das potências que dali emerge, como de fato emergiu, pegando boa parte da sociedade de surpresa, principalmente parte daqueles ditos "estudiosos" em questão. *Facção Central* acabou mostrando o horror social que o Brasil desenvolve e perpetua educadamente todos os anos.

Mesmo que todos nós estejamos aplicados para amenizar esses problemas sociais graves, não podemos começar a tentar construir um processo mágico sobre a realidade que nos cerca, transformando metafísica social em proteção psicológica, para trazer esperança e motivação contínua em nossas lutas. A motivação e a esperança devem estar calçadas em outros lugares que não na publicidade de nós mesmos. Quando os riscos não são calculados sob o horizonte de perspectivas da vida sangrada dos outros, as probabilidades funcionam como um papel em branco, sempre sorridente e acertado. Notamos que, diante destes fatos é fácil dizer que não tínhamos como prever a barbaridade que estamos vivendo hoje, mas de fato esse discurso procura esconder outros andares da questão, negando apostas que foram

feitas; e reconhecer esse acontecimento é posição digna de se admirar. Poucos têm estrutura psicológica para identificar estes precedentes sem desmaiar diante da cobrança crítica da ética que está politizada para exercer essa função intrínseca sobre nós, posição esta vinda das ruas.

A pergunta a se fazer é: para onde estávamos olhando? Para termos sido tão descuidados, ou pior. Temos sobre esse cenário uma acomodação hegemônica, política e socialmente falando, que passa a fazer um consenso forçado que não foi ilusório, mas, talvez, oportuno e necessário. Em outras palavras, temos uma anestesia social e "psiquiátrica", uma espécie de inércia sociológica da história do Brasil, como Francisco de Oliveira sustenta em *Brasil: uma biografia não autorizada*. Nesse livro, vemos tantas contradições que nada contradiziam, de um tipo de governo entendido como de direita-esquerda, o de "Collor-Itamar-Cardoso-Lula", em uma "posição bem sucedida", justamente porque não se sustentaria por muito tempo, pois estavam assentados em uma "hegemonia às avessas"; o que chamamos de "o barroco" nos valores sociais e políticos em uma sociedade brasileira, tudo misturado e ao mesmo tempo produzindo exageros que não obtém substância alguma perante o tempo. A governabilidade é anônima quando dá errado e meritória quando dá certo.

Este panorama é mais profundo, é nele que temos uma imagem personificada e combinatória da realidade brasileira. Acauam Silvério de Oliveira insiste para que reconheçamos o trabalho dos *Racionais Mc's*, mais especificamente o disco lançado em 1997, *Sobrevivendo no Inferno* – manifesto que se estrutura também em livro nos dias de hoje –, pois nele é retratada a forma mais bem delineada de uma sociedade que se tornou genocida e humanamente inviável, em suas palavras. Tal sociedade é uma expressão do Estado brasileiro transfigurado em uma lógica de vida que teve seu primeiro experimento que equivale a ser revelado enquanto modo de vida, ou seja, onde temos um "campo de concentração de Auschwitz aberto", sociologicamente diagnosticado. A adição explicativa dessa sociedade brasileira se expressa como um neonazismo colonial do capital tardio. Temos um desejo realizável, significando as esperanças escravistas e coloniais do passado, temos um sonho atualizado e também uma nova versão de imperialismo que esvazia o conceito. Aliás, os pensadores frankfurtianos, em suas gerações diversas, visualizaram esse projeto a ser ambicionado pela sociedade ocidental. A partir da década de 1990, os *Racionais Mc's* mostraram onde e como essa ambição estava sendo configurada: em Capão Redondo e em escala de construção projetiva e materializada.[6] Muitas vezes, aderir à moda vigente "de *playboy*" era uma forma de não morrer na mão da polícia de graça, pois ao perseguir pessoas, perseguiam modos de vestir e existir.

Ademais, na canção *São Paulo - Aushwitz Versão Brasileira*, que faz parte do álbum *Direto do Campo de Extermínio*, de 2003, temos também um elo fundamental para as denúncias aqui articuladas, que se fazem através das décadas. Temos uma realidade profunda que não se altera e vai se acumulando. Portanto, podemos dizer que *Facção Central* em *O Espetáculo do Circo dos Horrores*, de 2006, é

---

6. RACIONAIS MC'S. *Sobrevivendo no Inferno*. São Paulo: Companhia das Letras, 2018. p. 36.

a continuação dessas denúncias e constatações que passam por uma realidade social brasileira, se encontrando com a teoria da história no Brasil de 2018, 2019, 2020, 2021, 2022 e assim vão caminhando, juntas.

De fato, estamos vivendo hoje o espetáculo do circo dos horrores no governo Bolsonaro. Essa realidade que vem se desenvolvendo e nos agarrando tem historicidade, sendo um aperfeiçoamento dessas diretrizes que tinham sido vistas como forças "adormecidas" (aos nossos olhos), mas ao qual um grupo como *Facção Central*, com esses relatos, estava atento. Realidade que funciona como um fio condutor conjuntural, "psico-político", cultural, social e historiográfico que a teoria da história tanto aprecia neste momento. Não precisamos ir longe, o Brasil é exemplo de holocaustos; basta lembrarmos das denúncias de Daniela Arbex, retratando uma outra dimensão dessa aniquilação "naturalizada", muitas vezes vista como apenas um problema de gestão administrativa.

Em *Holocausto Brasileiro, vida genocídio e 60 mil mortes no maior hospício do Brasil*, um livro impactante para quem ainda está vivo. O *Hospital Colônia* é um exemplo das violações, do genocídio, do silenciamento e das aberrações ligadas à história dos hospitais psiquiátricos no Brasil.[7] Bastava incomodar pequenos laços da ordem social brasileira ao tom de questionamentos, ultrapassando essas linhas invisíveis do adestramento social que você poderia acordar no *Hospital Colônia*. A exclusão social no Brasil não é das favelas, das periferias e da pobreza, isso acaba sendo um disfarce, para no fundo maquiar o que queremos realmente excluir: as pessoas de carne e osso, geralmente simples e boas, mas que são pouco viáveis para a

---

7. ARBEX, Daniela, 2013.

manutenção mais podre do sistema, logo, vivemos um sistema social que busca negar a vida a elas.

A cultura colonial, escravocrata e neoliberal, no Brasil, quer tomar o lugar de deus; podemos parafrasear Ralph Waldo Emerson junto de Daniela Arbex, na busca de uma teoria do rap, samplear a análise assim: a vida brasileira consiste naquilo que uma cultura pensa o dia todo sobre si mesma, na sua resignação que une o atrasado com o moderno em um só ato.

Que força teórica é essa que se sustenta mais materializada hoje do que na realidade do passado? Será que as esquerdas e seus governos provisórios realmente estão usando com devida importância e seriedade os conceitos ligados ao desenvolvimento da realidade, ao processo histórico, às implicações estéticas, aos genocídios classistas e raciais – dinâmicas que repousam na certeza íntima das análises conjunturais dos fatos?

Não podemos esquecer que o bolsonarismo é uma das facetas de uma direita que construiu uma militância extremamente diferente e nova, engajada em fazeres políticos que, por serem novos, não podem ser enquadrados na tradição crítica tanto da esquerda como da direita histórica, em suas estratégias ligadas aos seus princípios. O pensamento da esquerda e o que pode ser caracterizado em sua órbita têm muita dificuldade de elencar e identificar os elementos novos que são construídos pela sua própria tradição quanto às invenções da direita. Ao tentar encaixar tudo em uma perspectiva "historicista", não consegue perceber o que ainda não tem história, mas está a produzir historicidades por meio da potência de sua irreverência criativa que se articula com os acúmulos errantes da novidade que o anonimato das relações sociais permitem ocorrer; o começo está no tempo.

Nos estudos de Juliana Borges temos a seguinte configuração, em nossas palavras: o Brasil é o país com a terceira maior população prisional do mundo, estando atrás dos Estados Unidos e da China e ultrapassando a Rússia, que está em 4° lugar desde 2016. A população prisional que não para de crescer não é multicultural, como Juliana Borges aponta, essas construções têm uma cor específica a perseguir.[8]

Essa realidade mutila todas as grandes propagandas de melhoria da igualdade social e racial de um governo; é como construir uma bela casa em cima de alicerces que estão sobre um pântano. Ao mesmo tempo, seria ingenuidade nossa querer que esses diagnósticos sejam produzidos pelos governos com entusiasmo. É bastante óbvio que estes aproximem a esperança da concepção de mentira e ilusão provisória, para produzir inspiração eloquente diante daqueles que precisam de muita estima, pois já sofreram muito. Sabemos que é muito fácil falar mal ao tom crítico e exagerado das estatísticas da pobreza (de modo geral e específico, desdenhando que quando tivemos os governos de esquerda no poder suas políticas sociais não melhoraram muito a vida das pessoas, não melhorando tanto assim a vida mais precarizada da população brasileira), atitude essa muito cômoda de se tomar quando, na verdade, não se é pobre e nem recebeu esses programas sociais. Mas o problema também é quando desqualificamos o diagnóstico daqueles que denunciaram essa realidade seriamente, destituídos de uma ideologia de análise reacionária comum ao mundo da

---

8. BORGES, Juliana, 2019. p.19.

direita. Produzimos, deste modo, mais cegueira psicológica, desinteresse social e despolitização, que se fazem sobre as condições de temporalidade. Ora, estamos todos pagando esta conta indevida, da pior forma possível, e o interessante seria perceber o quanto não se está aprendendo nada com todas essas aulas pedagógicas que as décadas recentes estão a nos ensinar ou pelo menos nos desmentir.

Esses caminhos podem se aproximar de uma busca que está se configurando a passos largos. Da necessidade da construção de uma esquerda antiga nova. Mas que não busque o retrato daquilo que Cornelius Castoriadis adverte, trazendo um desafio para o nosso tempo: formular perguntas e procurar respostas em termos de motores sociais. Pensar assim não faz mais sentido, pois essa atitude absorve uma dimensão que já conhecemos das várias facetas de seus fracassos, da política que faz história e faz partido político sem participação política.[9] Denunciamos algumas medidas dessa configuração acima articulada para os nossos interesses.

Temos um arquétipo: quer um exemplo mais revolucionário do que a condição de vida da mulher negra? E enegrecida?[10] Enquanto elas são colocadas como linha de frente, principalmente agora que a casa vem caindo para a humanidade (vai lá e resolve! Sozinha!). Tendo que ser revolucionárias, mártires, intelectuais, lideranças comunitárias, politizadas, educadoras radicais, tendo que ter uma psicologia extremamente saudável e, apesar de tudo, não

---

9. CASTORIADIS, Cornelius, 2006. p. 179.

10. Enegrecida é um termo de noção social que descreve a mulher "branca" que é vista como traidora da condição de branquitude; mais precisamente do racismo, em sua perspectiva também classista, na sua manutenção básica e perpétua, em sua medida de negação deste processo histórico.

podendo ser rancorosas, depressivas, ressentidas e vingativas; devem ser tudo de bom sem largar todas aquelas suas tarefas que lhe foram atribuídas através dos séculos e do presente. Neste caso, nos parece que quem está no comando, articulando essas demandas e atribuições são sempre os mesmos; se pararmos para pensar (elas e nós) estamos obedecendo de novo! Como sabemos, a vida do pobre e o que circunda sua vivência é a desgraça, a falta em seu sentido axiológico; por isso a militância política não deve ser um lugar para enterrar ainda mais essas pessoas, derramando mais problemas sobre suas cabeças. Não devemos esquecer o que a obra de Paulinho da Viola oferece ao nosso cognitivo social enquanto lição, como as leis de Newton, sacas? O pobre (mas não só, também as pessoas de forma geral) fazem festas e se divertem, choram na alegria e se emocionam dançando porque sabem que a vida é dura, é desafio, é operadora de muitas faltas, despedidas e tristezas e se ela não fosse isso não precisaríamos ter festas, danças, diversão e o show total! Em outras palavras: é saber operar a respeitosa safadeza com critério gerador de saudades e não de culpa.

Contudo, ora, devemos denunciar aqueles que não estão fazendo grande coisa em postos de condições em parte decisivas, fazendo com que a coisa não ande, nem para nós nem para eles próprios – os "brancos" em questão. Assim, acabam vivendo suas vidas ineptas na busca de realizar seus desejos mais medíocres, vergonhosos e mesquinhos, mas vistos exageradamente como um grande engajamento, uma investida de subida aos céus.

Enquanto isso, as mulheres negras estão fazendo todos os sacrifícios possíveis, por vezes se embrenhando

(enfartando) em uma repartição sindical, para melhorar o país e a condição humana. Reiteramos que é por isso que devemos estar atentos e atentas a essa cara de pau que "a cultura branca" incita, sem precisar se mexer, melhorar, descruzar as suas perninhas e sair do seu lugar de conforto. Contudo, isso não quer dizer que não assumimos o nosso papel em reconhecermos nossa responsabilidade, nos protagonizando na vida, sendo homens e mulheres negras. Dito de outro modo, não estamos esperando ninguém adotar essas causas, a vida é curta e o agora já está acontecendo todos os dias. Sabemos: os tiros são teleguiados e procuram pessoas determinadas na história social do Brasil.

Em "O tiro é [...] / No menino negro / Desarmado, que pela cor foi considerado bandido".[11] A narrativa expressada retrata uma realidade que faz parte da percepção da vida social. O objeto, o texto colocado aqui, tem três funções: a primeira assenta uma realidade imediata, decepcionante, sensível; a segunda é mais analítica; e a terceira é questionar como podemos utilizar e possuir esse objeto produzindo uma forma de superação dessas condições na acepção propositiva que a vida nos pressiona a produzir. Vejamos:

> Os palhaços aqui são o povo, que elegeu um presidente
> Com a campanha financiada no caixa dois, pelos bingos
> fábricas de armas, cervejarias, indústrias de cigarros,
>   empreiteiras
> Empresas que sempre tem o retorno do seu investimento
> no mandato do seu boneco, seu fantoche, seu robô
>   eleito.[12]

---

11. CD 1. O Circo Chegou - Facção Central, 2006.
12. CD 1. O Circo Chegou - Facção Central, 2006.

O povo acaba sendo o resultado de toda uma história de humilhação, segundo o *Facção Central* – ideia que também está presente no pensamento de Bakunin em *Deus e o Estado*. O lugar para entendermos que devido a sociedade ter sido constituída dessa forma em sua história, o povo não poderia deixar de ter um papel do de servir à ignorância de cada época, posição que foi vigorada pela escravidão, embrutecendo seu modo de vida, tanto para perder seus direitos como entregá-los de mão beijada. Ora, esse regime se modifica, mas essa combinação tem sido uma constante na história em perspectiva de resultado alcançado, de forma que o povo não sai do lugar e não sabe ser outra coisa, para frustração do revolucionário apressado.

Deve haver, e há, um "golpe" constante sobre o povo. O *Facção Central* destaca a questão do financiamento social e o boicote popular, como forças produtivas da vida, situando o engajamento da vida comum.

Marx dá um passo importante, mostrando que o setor financeiro, apresentado em *O Capital*, volumes II e III, daria os novos passos do capitalismo, isto é, o capitalismo financeiro coloca os alicerces, que estão bem sólidos para todos os lados, apesar de um processo já em desgaste, mas sem deixar de dar as cartas. O neoliberalismo está aí para confirmar essas teses.

Em *A Loucura da Razão Econômica: Marx e o Capital no século XXI*, de David Harvey, temos uma abordagem que atualiza essas condições, trazendo os elementos que podem ser traduzidos como condição da nossa época, reelaborando categorias que já estavam em Marx. Reconhecemos que existe uma tara invisível, segundo a qual os marxistas mal formados precisam forçar a questão e a discussão do Estado, assentando-o em todos os lugares, como gestor absoluto da sociedade, impelindo espaços e importância onde ele pouco aparece. Nos três volumes de *O Capital* sua importância é quase nula, mas como explicar isso para aqueles cujos caminhos que Marx jamais almejou legitimar enquanto consequência direta de seus estudos? Marx não era um marxista, "Tudo que ele sabia é que não era um marxista", como o próprio reitera.[13]

Nos cargos públicos conquistados com o nosso consentimento na democracia representativa temos, na maioria das vezes, um personagem que encarna o projeto da burguesia ou de algo que se assemelha a ela como horizonte de vida apoiado obviamente por setores populares, o que acaba produzindo modos de vida hegemônicos. A vida política se divide em várias facetas de uma mesma imagem, neste caso.

A forma como o *Facção Central* apresenta a análise que faz da realidade brasileira, de forma simples, mas articulada, é a partir da analogia do cargo de presidente como o lugar de um palhaço, de um boneco, um fantoche. Temos, então, um Bozo, como é retratada a figura que ocupa esse cargo político no atual momento, no poder. E essa realidade não é só brasileira, pois estamos vivendo uma conjuntura política e histórica na qual grande parte dos líderes ligados a um radicalização da direita utilizam uma estética do poder

---

13. Estas informações podem ser encontradas em vários estudos, em seus esboços "originais" e em suas reproduções; destacamos a contribuição escrita em língua portuguesa que passa por esses debates por André Figueiredo Brandão, sob o título de Friedrich Engels e a questão do método no marxismo. Germinal: Marxismo e Educação em Debate, Salvador, v. 12, n. 3, p. 76-95, dez. 2020. ISSN: 2175-5604.

neofascista: buscam ser ridículos, palhaços, sádicos, macabros e cômicos – o fascismo e o nazismo muito tinham elementos semelhantes a esses. Figuras como Nicolas Sarkozy, Donald Trump, Silvio Berlusconi e Jair Bolsonaro (Olavo de Carvalho) representam muito bem essa imagem. *Facção Central* capta em seu discurso a dimensão conturbada dessa forma de atributo, em sua incongruência literal genocida da vida: bem vindos ao espetáculo do circo dos horrores.

Posição política cultural que Márcia Tiburi vai encontrar bem distribuída em nossa sociedade em 2017. A feminista diz que escreveu o *Ridículo Político* "para chamar atenção sobre algo muito sério, que é justamente o hábito de não tratar com seriedade as coisas políticas".[14] O *Twitter*, criado em 2006, fonte de memes cômicos e engraçados, e o *WhatsApp*, aplicativo que nasceu em 2009, tiveram papel fundamental para a disseminação dessa cultura, que se faz motivada pelo senso prático da vida submetida à tecnologia, pois são ferramentas que podem ser usadas como fortes instrumentos para dar linha e acelerar os interesses das táticas na política.

A robotização do corpo social massifica elementos que se tornam processos plurais de fascismos. Objetos e semânticas que hoje estão distribuídas em nossa sociedade como configuração fundamental de comunicação e formação de opinião estão se transformando em símbolos sólidos e nada abstratos no ato público dos debates sociais. Tivemos o encontro do "bárbaro" com a probabilidade da "barbárie" que pode ser produzida pelos instrumentos que estão em nossas mãos, carregando e fortalecendo essas tendências nocivas sobre a sociedade, como normas imanentes de uma

---

14. TIBURI, Márcia, 2017. p. 9.

cultura que quanto mais produz tecnologia, mas se lança uma carência de consumo desta tecnologia; fortalecida por setores populares, onde a tecnologia é a mais fácil dignidade social a ser almejada e alcançada no agora, mas que embrutece o amanhã.

Essas adjetivações podem falar daquilo que Marx denunciou em *O 18 Brumário de Luiz Bonaparte*. Setores populares que estão a serviço da manutenção do sistema vigente de horizonte capitalista: a "zé povinhagem" e o "playboyzinho". Ademais, em sua figuração virtual na internet e no mundo bancário essas relações são atribuições e demandas sociais imateriais que se desmaterializam no ar em nome da materialidade social. Nesses termos, o *Manifesto Comunista* encontra sua atualidade, visto que Marx era um homem da ciência e, logo, do iPhone. Temos a história em suas versões, em primeira instância, apresentada como tragédia, depois como farsa;[15] e, acrescentamos, no Brasil, uma nova face, a da história apresentada como o ridículo em sua versão sádica.

Temos uma conjuntura política que se estabelece pelas forças da apelação de um setor dos interessados em questão, que se manifestam assim: a "burguesia", em seu poder, estabelece formatos que se dissolvem numa dinâmica econômica, psicológica, cultural e social. Não teríamos representação melhor do que essa cachorrada que orbita em torno do Presidente Jair Bolsonaro. Uma eleição que prescreve todas as condições de sua hegemonia, para poder existir assim, precisa do apoio de vários setores, deixando emergir deles sua força reacionária. O que acaba cumprindo muito

---

15. ZIZEK, Slavoj, 2011.

bem o papel social que sempre tiveram, de alguma forma, em nossa sociedade, podendo distribuir um protagonismo crucial nesses processos. Não é à toa que o presidente Jair Bolsonaro está onde se encontra; seus atos foram e estão sendo pedagógicos, pois ensinam a reativar tradições não mortas, mas vivas na história do Brasil.

Muitos falam sobre o que o Brasil teria de melhor para assim produzirem efeitos publicitários de uma autoestima nacional, sob o viés de um imaginário domesticado pela campanha eleitoral, silenciando, neste processo, o que o país tem de pior estruturalmente falando. Nesta hora, o melhor livro a se escutar é *O Espetáculo do circo dos horrores* do *Facção Central*, para não passar por fora da realidade social que faz história. A "bozolândia" que produziu Bolsonaro é engraçada e ignorante, uma piada, mas nem por isso menos sádica, genocida e perspicaz, ou seja, sabe alcançar seus objetivos, diz que vai fazer e faz.

Um dos projetos que se estabelece traçado por esse governo é não se resumir a Bolsonaro. Há possíveis bolsonaristas, que podem até mesmo se colocar como anti--bolsonaro, cujos projetos estão distribuídos dentro do mesmo universo. Esses personagens querem "aprofundar" negativamente aquelas estatísticas sociais que já não eram boas. Um grupo como o *Facção Central* expressa uma questão importante. Sua manifestação constitui-se em um continente que tem uma dívida com o racismo que se arrasta em sua forma mais bem sucedida. A América Latina é um lugar onde o racismo contra o negro e o indígena tem características próprias de renovação e aperfeiçoamento no tempo, o que é pouco encontrado em outros continentes na mesma proporção. O bolsonarismo é a demonstração dessas facetas em sua complexidade e simplicidade.

Vejamos como o *Facção Central* é um alerta dos perigos anunciados há décadas, identificando signos sociológicos que estão incorporados nos programas bolsonaristas:

> Espero que a plateia goste do circo que mata 100 pessoas todo dia com arma de fogo, que é o 63º em desenvolvimento humano, que é o 6º mais desigual do mundo / Que tem a polícia que mata 3 mil pessoas por ano, que segundo a Unicef, tem 6 milhões de crianças vivendo em severa degradação das condições humanas.[16]

A COVID-19, em seu aspecto central enquanto pilar da pandemia, anuncia no Brasil o genocídio bolsonarista, usada como um dos seus maiores aliados e forma muito bem acabada da mentalidade política que está a nossa volta para garantir as piores estatísticas possíveis. A popularização do morticínio de mais de 600 mil pessoas, até agora registradas, demonstra a ambição brasileira que estava adormecida. Estudos produzidos sob o cálculo dos pesquisadores da Universidade Federal de Pelotas, apontam que devido à postura e às escolhas do governo federal de Jair Bolsonaro, podemos dizer que 400 mil mortes poderiam ter sido evitadas.[17] Isso sem contar com tudo aquilo que as risadas de Bolsonaro e seu descaso nos induzem a pensar, que se dependesse

---

16. CD 1. O Circo Chegou - Facção Central, 2006.
17. Na AGÊNCIA do SENADO, em senado notícias, podemos encontrar essa reportagem e a divulgação dos fatos. Onde sua chamada é *Pesquisas apontam que 400 mil mortes poderiam ser evitadas; governistas questionam.* https://www12.senado.leg.br/noticias/materias/2021/06/24/pesquisas-apontam-que-400-mil--mortes-poderiam-ser-evitadas-governistas-questionam.

UMA TEORIA DA HISTÓRIA E O ESPETÁCULO DO CIRCO DOS HORRORES

exclusivamente dele os números seriam bem maiores. O presidente não passa confiança alguma, pois mentiu, mente e mentirá descaradamente. Se não fosse o Sistema Único de Saúde (SUS) que montou um aparelho praticamente como num regime guerra para poder defender a população, as coisas teriam sido muito piores – para o aumento das risadas do grande palhaço "Bozo", que nos apresenta em seu circo dos horrores para o público do mundo inteiro! Além dessas condições, temos ainda a realidade de um *Playboy* (às vezes chamado de *boy*) na América Latina.

> Aí, playboy! Constrói seu banker, com vidro blindado, porta de aço balístico, com fechadura de nove dentes, põem no seu jardim sensores de movimento, câmeras, cão de guarda e um vigia na guarita que o show já começou (...) Expectadores coloquem as balas no pente da Glock, na fita da metralhadora, no tambor do 38, deixem sair todo ódio contido no coração / Decapitação, eletrocussão, esquartejamento, degolação, carbonização, não importa de que forma você usa seu surto psicótico, o que interessa é que todos naufraguem no dilúvio de sangue / Porque só assim se realiza... O espetáculo do circo dos horrores.[18]

Dentro dessa configuração social, todos e todas têm um papel, mas o que importa é que todos os caminhos busquem a mesma direção. Tal condição faz com que todas as classes conquistem uma posição psicológica, cultural e de identidade que juntas compartilham de uma espécie de embrutecimento da vida cotidiana. O sangue está escorrendo no mesmo volume de água desperdiçado em nossas torneiras e na carne em nossa

---
18. CD 1. O Circo Chegou - Facção Central, 2006.

mesa – carne que foi torturada sem necessidade antes de padecer e morrer, para ser mastigada elegantemente. Temos, assim, o retrato de uma sociedade banhada em sangue. Somos consumidores de muitos utensílios supérfluos, intermediários e essenciais; sendo o sangue um padrão essencial para cada seguimento de uma sociedade vampirizada.

Em outras palavras, consumimos a ideia do objeto deste construto. Consumimos sua representação e não o objeto em si; é essa representação que é perversa, e não o objeto que tem suas justificativas e explicações reconfortantes para existir em sua posição filosófica sempre negando-nos. A violência social se reforça sobre a precariedade cultural e política que atinge todos e todas. Nesse jogo, o *playboy* não é meramente um privilegiado, mas cumpre um papel tão importante quanto o zé-povinho. Ambos, alinhados, esboçam uma conformação sociológica que ganha cada vez mais espaço social, pois tem direcionado o imaginário coletivo da sociedade, e essa configuração faz muita política e história. A cultura *playboy* vem hegemonizando os critérios que estabelecem os padrões comuns de felicidade na sociedade.

Diante dessas mazelas, a favela, o morro, a comunidade é ao mesmo tempo modo de vida e resultado de uma história de guerra selvagem. *Facção Central* coloca a historicidade em uma relação rústica e difícil, o darwinismo social realizando-se:

> Conflito, grupos culturais, religiosos
> A terceira guerra só não tem certificado em cartório
> País católico pra máxima cristã é ateu, repartir o pão não! Aí fudeu!
> Vai artilheiro! Faz o gol, ganha o bicho, senão dispenso sua mãe em dez sacos de lixo

Com as emissoras disputando o melhor ângulo
O Motolink foca o sangue, tem empresa anunciando
(...)
Sou a vingança da professora negra da favela
Que na aula o aluno rico joga moeda.[19]

Facção Central, nesses mesmos fragmentos, retrata a condição dos professores e das professoras, condição que encontra mecanismos operativos que exercitam uma opressão social sobre seus agentes mais fragilizados, pois precisam fazer uma referência de auto-humilhação; não só de sua condição de identidade, como também de um papel que reconheça o fracasso do setor educacional. Nada melhor para um *playboy* em formação do que encontrar uma professora negra para impor e refletir essa realidade. O circo dos horrores sociais dá ibope em uma sociedade educada sobre esses valores. Nada mais coerente do que uma mídia (o dito jornalismo policial) que oferece o que as pessoas estão esperando, para se reconhecer nesta injustiça social, vendida como um divertimento da consciência.

Aqui, a descrição que o *Facção Central* encontra é a mesma que orbita a dimensão crítica da música de Frank Zappa, na qual o *playboy* Bobby Brown se descobre um opressor de classe e gênero a partir dos ataques irônicos e contundentes de uma feminista lésbica. Frustrando o sonho "americano", graças a ela, Bobby Brown pôde se libertar para encontrar outras identidades e valores. Nesta acepção da questão, na vida vencedora, almejada, encontrada no mundo da classe média que envolve o sonho popular, encontramos uma raiz quadrada mantenedora de fascismos.

---

19. CD 1. O Espetáculo do Circo dos Horrores - Facção Central, 2006.

A crueldade é uma narrativa que personifica a todos, identificar discursos cruéis é para quem tem coragem de dizer, e o historiador há de ter compromisso com essa realidade. No caso, existe e estamos vivendo uma guerra social, às vezes em graus menores, às vezes em ocasiões maiores, mas quem terá coragem de assumir isso? O pudor acadêmico não permite tal posição. Enquanto isso, o Brasil vem, a passos largos, dando as costas para a "civilização" – não a que se coloca em nome daquele projeto "colonial". A questão aqui não é o ocidentalismo exagerado, mas o que temos feito em nome dele sem ele; e contra ele sem ser do contra.

Sabemos que é muito mais fácil denunciar uma selvageria do passado, as relações de uma época, do que as do presente. O problema é quando não conseguimos aproximar essas relações, onde o passado e o presente pouco importam, pois suas representações não mudam em nada nossas vidas nem a tocam por lado algum. Os sintomas de uma sociedade doente são primeiramente mais sentidos e legitimados do que entendidos na periferia, é ali que tudo de ruim chega primeiro, pelo aspecto da carne que recebeu muitas pauladas do afeto e que para sobreviver aprendeu a reproduzir modos de vida e ideologias. Por isso, a condição política (exageradamente) reformista da sociedade se fortalece, almeja pouco porque esse pouco não é para eles.

Encontrar revolucionários na periferia não é difícil, suas vidas passam pelas mesmas dificuldades que as de personagens históricos. O que precisamos entender é que devemos focar toda esta energia revolucionária em questões temporais de investida transformadora. Porque a condição e os riscos já estão sendo vivenciados por nós, mas o atributo de consciência precisa ser mobilizado produtivamente, para entrar em uma ação leve, consistente e concreta, penetrando a vida temporal das pessoas. O Zé Pelintra sabe dançar e se esconder, mas precisa entrar em processo de politização. Zé nos ensina que os partidos revolucionários e as organizações revolucionárias precisam aprender os movimentos da rua. São essas as representações mais distribuídas dentro desse processo histórico que virá, que se constituirá, existem proteções da revolução que só podem ser feitas à noite, nas esquinas.

Uma das questões postas por esses textos literários e poéticos é seu conteúdo histórico, na medida em que todo o discurso analisado tem uma presença efetiva, onde o modelo não é nem o pobre, nem o rico, nem a religião, nem a ciência, mas a guerra e a paz numa só condição, em uma oscilação intensa de interesses. A guerra é um descanso da mente, pois a paz em um mundo assim é insuportável. Ou seja, temos, na periferia do mundo ou da cidade, uma guerra silenciosa e uma paz agitadíssima, ansiosa:

> Não tem cessar fogo, tratado de paz se foi, enrolaram
> com ele um mentolado e deram uns dois
> O jornal da Igreja Universal semanário, aqui serve
> pra conter bosta na gaiola do papagaio (...) A energia
> atômica mata e cura câncer
> A mão que derrama sangue pode escrever romance
> A paz não brota no jardim com câmera e sensores,
> bem-vindo ao espetáculo do circo dos horrores![20]

Temos a retratação de uma condição que nos permite analisar os meios dessa categoria da vida. A indignação nasce

---

20. CD 1. O Espetáculo do Circo dos Horrores - Facção Central, 2006.

em um lugar cheio de adversidades e de oportunistas. A Igreja Universal faz parte dos oportunistas e se torna um dos caminhos mais viáveis aos desesperados. O único jornal que chega de graça não é a revista de artigos de história, mas o da Igreja Universal. Se aproveitando de uma estima extremamente baixa nesses lugares, muita gente ganha dinheiro. O mercado permite essas trapaças. Reconhecemos que existe um problema fundamental aqui. Na história, o liberalismo tenta o tempo todo trapacear por dentro e por fora dos jogos da lei. Em suas entrelinhas, sua jurisprudência não é ética e sim oportuna.

Quem está vivendo o circo dos horrores no Brasil não tem tempo para entender o que está acontecendo, apenas tenta sobreviver antes de dormir, pois deve negociar a sua "cartilha do ódio" para acordar cedo no outro dia. É dito que: o cataclismo estelar originou os planetas, o cataclismo social originou o capeta.[21] Na periferia, esta máxima é um saber popular apreciado. Se existe uma entropia no universo nos ensinando que quanto mais passar o tempo a desordem aumentará, na periferia o diabo, que também tem igreja, fará aumentar o nível da desigualdade social, de turbulência caótica no profano mundo do cotidiano, usando o tempo a seu favor. Assim, ambos estarão nas mesmas proporções, o cosmo e a periferia. Tanto a filosofia de Schopenhauer, em seu aspecto social, quanto o próprio (aquele Schopenhauer de Machado de Assis) pode ser encontrado embriagado em um boteco na periferia, desiludido ao som de um bolero, incitando-o a filosofar entre a realidade que o leva ao pessimismo e a vontade que lhe mostra não ter sentido algum.

---

21. CD 1. Cartilha do Ódio - Facção Central, 2006.

Além disso, temos todos aqueles agentes que reforçam essa condição concomitantemente a favor de uma empreitada para que todos e todas se sintam desgraçados. Reforçando paradigmas, enraizando uma cultura facilitadora da dizimação da periferia e das favelas enquanto condição de vida e expectativa. Uma dessas ferramentas seria a eugenia como conceito que se entrelaça nas várias dimensões do presente.

O mundo cultua a idolatria do corpo perfeito
Joga no hospital psiquiátrico humano com defeito
sem triagem, seleção, diagnóstico, doente mental,
físico, auditivo num depósito
Vegetal com fralda geriátrica é descartável pra família
Mas não seu cartão da aposentadoria
Aí cuzão preconceituoso, Beethoven era surdo Steve
Wonder é cego e encanta o público
Depois de Einstein, o físico mais brilhante do planeta. Stephen Hawking, o matemático preso numa cadeira.[22]

Observando esses fragmentos, percebemos que o *Facção Central* mostra como a eugenia chega na periferia. Temos muitos mitos no campo acadêmico, onde se tenta sustentar posturas críticas e éticas ancoradas em generalizações, sem experiência de campo como diria a antropologia. Admitimos que parte da história se encontra em arquivos, mas o restante tem outro tipo de materialidade. Estamos interessados em situar a discussão no campo da disciplina de história e seus campos similares, os movimentos sociais e as humanidades.

Denunciamos que a prática de um olhar distorcido sobre a periferia está dentro daquilo que chamamos de "senso comum acadêmico", pois conceituam o povo restritos ao

---

22. CD 1. Castelo Triste - Facção Central, 2006.

mundo do zé-povinho. Essa posição não categoriza a totalidade do povo, não dá conta da substância social envolvida nesse arremedo. Muitos confundem uma teoria ruim com uma boa teoria. Para fugir do problema, acham melhor e mais fácil condenar a categoria da teoria como um todo, como se assim ela não fosse trazer problema algum; pensando assim só facilitaremos nossa resignação perante o inimigo, não teremos repertório contra ele, perderemos a batalha antes da batalha acontecer. Feito um lutador que não quer aprender golpes porque, em teoria, não está garantida a sua vitória, como se não existissem teorias que sustentam ao contrário.

Os perigos metodológicos de análise da vida estão distribuídos tanto nos âmbitos particulares quanto nos universais – proceder que adormece a constituição da imagem do passado e de sua explicação, na medida em que nos afasta de conectar esses conhecimentos com o presente. Quais seriam os motivos para entrarmos nestas questões desta forma? Explicamos: no manifesto elaborado pelo *Facção Central*, vemos um apelo ao conhecimento e seu reconhecimento – em forma de desespero, até. Reivindicam serem aptos tanto para articular e usar do conhecimento quanto para se colocar enquanto fruto de uma determinada cultura, construindo um autorreconhecimento e não exatamente um desprezo ao conhecimento "acadêmico".

O problema é quando se diz que o grupo da sociedade do qual o *Facção Central* faz parte é contra esse conhecimento – para serem usados como referência cultural atrelada a estas construções – cujo seguimento social seria outro, por não se reconhecerem em tais esferas de valores. Na realidade, rejeitam esses conhecimentos mais pela sua forma, importância

e diálogo de exclusão estabelecido pelos setores acadêmicos, do que pelo conteúdo deste atributo em si.

Em outras palavras, Stephen Hawking, Beethoven, Stevie Wonder e Einstein são legados da humanidade; não se contempla tais personagens por motivos generalistas e do senso comum simplesmente. Stephen Hawking disse: "Seja corajoso, seja curioso, seja determinado, supere as probabilidades. É possível."[23] Este adágio caracteriza certa dimensão da vida na periferia, da busca pela superação onde nossa cota de esperança se encontra com probabilidades que geralmente não estão a nosso favor. A matemática nada mais é do que uma profunda abstração e desde sua invenção, fruto do acaso – o que não a torna menos eficiente – temos uma abstração repetitiva e binária que nos leva a muitas dimensões. O conjunto vazio na matemática pode ser comparado com a solidão que reina nas periferias. Sabemos que o universo tem suas periferias cósmicas. Vamos além: a cadeira de rodas de Hawking é bem-vinda na periferia e ajuda aquele jovem paraplégico, aquela jovem baleada, aquele motoboy antifascista que perdeu as pernas e aquela senhora que foi abandonada.

Nem toda medida universalista carrega sua tonalidade opressora, justamente por estar mais inserida em um jogo de linguagem e comunicação do que transmitindo uma essência particular de conteúdo; sabemos que é a existência de um outro que dá sentido ao diálogo, por isso devemos discutir a temática antes de dispensá-la gratuitamente. E, ora, em comparação ao que Kant manifesta em sua máxima, entendida como imperativo categórico, na qual diz "Age de

---

23. HAWKING, Sthepen, 2018. p. 31.

tal forma e modo que a máxima de tua vontade possa valer sempre ao mesmo tempo como princípio de uma legislação universal",[24] uma das interpretações possíveis pode nos aproximar dos fragmentos das letras do *Facção Central*, por motivos estéticos e políticos enquanto caráter de denúncia vigorosa e engajamento social. Denúncia posta como uma universalização pelo viés da solidariedade, para aqueles que vão se engajar nessa luta – o que obviamente não se dará por motivos colonizadores. A máxima kantiana enquanto passado prático se encontra em Sabotage.

Sabotage já havia dito que "rap é compromisso", assim: "País que viva luta, se vem das ruas, pergunta curta / se liga juca, favela pede paz, lazer, cultura / inteligência, não muvuca".[25] Esse é um dos fragmentos que colocam o ponto de partida desta teoria da história que observa o mundo dado, fazendo alianças com os pedidos de Sabotage. A periferia quer a história como disciplina de conhecimento, mas em forma de inteligência, como Sabotage gesticula, seguindo esses passos. Se não nos tornamos interessantes, academicamente, talvez seja pela falta de inteligência, de nossas formas de ação comunicativa e afetiva, e não de conteúdo.

Todas as pessoas que têm experiência com movimentos sociais – em pelo menos uma das várias formas através das quais se manifestam – para mobilizar projetos emancipatórios, sabem que na periferia, nas comunidades simples, favelas e bairros pobres, encontramos carência de todos os recursos; tanto básicos como secundários. A vida que envolve a estima de um povo se manifesta na busca

---

24. KANT, Immanuel, p. 42.
25. Álbum *Rap É Compromisso!*, Sabotage, 2000.

por reconhecimento, oportunidade, cultura e inteligência, como ressaltou Sabotage. Temos o resultado de uma vida penalizada de oportunidades, situando esforços que foram usurpados. Estas comunidades, além de não terem recursos, ainda são marginalizadas, para que possam ser exterminadas – assim se dá o projeto e programa social estabelecido nestes lugares. Uma espécie de campo de extermínio aberto. *Facção Central* se pergunta: "Se Marx fosse do Brasil escrevia no livro / revolução é com *sig sauer*, fogo seletivo (...) / Quantos Drummond na maca de alumínio [?]."[26] E dizem mais: "A chapa de aço do Alckmin, não me impediu de interagir / a AR15 é a alforria do quilombola aqui."[27]

Ou seja, existe todo um projeto que envolve a castração de vidas e talentos. Nestas condições, as lutas e as resistências sociais têm que se equivaler às do inimigo, não fazendo a mesma "coisa" que ele, mas tendo uma atitude proporcional à potência que ele coloca sobre nós. Na medida em que a extrema direita avança no Brasil, nos perguntamos se não temos que produzir aquela antiga máxima, reforma ou revolução?, só que desta vez o reformista faz sua "revolução" e o revolucionário faz sua "reforma". Assim agindo, fazem processos políticos se consolidarem mais no tempo do que na história.

Quando fenômenos de lutas sociais acontecem nos Estados Unidos, no Equador ou no Chile (como vimos em 2020) são aplaudidos tanto por um tipo de "direita" quanto pela esquerda pelega. Mas quando esses eventos são promovidos no Brasil, como foram as lutas sociais radicalizadas em 2013, se ridiculariza, reprime e marginaliza o processo;

---

26. CD 1. Abismo das Almas Perdidas - Facção Central, 2006.
27. CD 1. Resgate - Facção Central, 2006.

colocam essa luta em esquecimento rapidamente quando não acabam caracterizando esses processos como intuídos de vandalismo desnecessários.

Na cartilha *Pela força das ruas: seleção das cartas de opinião da FAG/CAB durante as jornadas de luta de 2013* – que hoje se revela histórica e sociológica, embora faça mais parte de um presente histórico, temporal, do que se pode aceitar – temos as revelações de escolhas que a esquerda governamental tem feito não agora, mas em todo um século de experiências que nos levam aos mesmos resultados do "tropos" político. A frase é antiga: não há crescimento da direita exponencial que possa ser feito sem ajuda de uma esquerda que fez escolhas que garantem a vitória da direita, se ela for aguerrida. Quando se analisa e teoriza corretamente a conjuntura, temos chance de acertar na política, mas quando se erra na análise teórica da conjuntura viva, com certeza se erra na política sem chance de arrego.

Ora, isso nos mostra que não é só o racismo que se manifesta de maneira profunda, estrutural, complexa, delirante, sádica e cínica. As reivindicações de classe no Brasil são fenômenos complexos que precisam ser avaliadas por pontos de vistas que o rap poderia ajudar a cunhar, em busca de nos orientar a outros conhecimentos sobre este fato.

O nosso conservadorismo político, cultural e moral carrega adjetivações muito próximas, quando não iguais, às que formalizam e estruturam o racismo no Brasil. Contudo, no momento, é hilário perceber que a direita se sente mais à vontade para se reivindicar revolucionária do que a parte da própria esquerda. Aqui, não basta somente ver a revolução como processo histórico, mas enquanto atitude e horizonte de desejo de transformação radicalizante na política (a recusa ao tédio na vida). Com isso temos a constituição de uma nova extrema-direita de ação neofascista prescrevendo posições que caracterizam um legado. A *Ação Integralista Brasileira*, fundada em 1932 e liderada por Plínio Salgado, alcançou aderência se aprofundando politicamente, distribuindo cultura e temporalidade na história do Brasil. Seus membros chegaram a ser mais de 600 mil, com quase um milhão de filiados, número significativo na época.[28] A história prossegue, pois hoje a posição numérica de qualquer reacionário no *YouTube* permanece preenchendo o mesmo percentual de aderência – somente Olavo de Carvalho, nessa plataforma, conta com mais de um milhão de seguidores.

Números que têm impressionado muita gente, talvez por ignorância histórica e outros casos que o mundo pelego da esquerda favorece, pois estão sempre assustados com tudo, querendo sempre idolatrar alguém que começou a ter uma boa contribuição, para que estes em questão não precisem, no fundo, fazer grande coisa na política e em seu partido político; estão ali escorados, se escondendo, como ratos, em grande parte dos casos, pois adoram uma burocratização da ação militante, da teoria e da inteligência da ação nas ruas, do modo que perpetuam muitas reuniões acaloradas sem sentido, assim, negam verdadeiramente o estímulo participativo das pessoas em sua proficiência social.

Hoje esse processo atinge todas as camadas da sociedade; talvez uma nova forma de revolução esteja em jogo,

---

28. PINTO, Tales dos Santos. *O que é Integralismo?*. Brasil Escola. Está disponível nesta plataforma digital, em: https: brasilescola.uol.com.br.

como uma teoria da história poderia dizer; em menos de um ano, o governo Bolsonaro – mesmo que de forma ridícula e errante, mas não menos eficiente – prescreveu rupturas que alteraram de forma brutal grandes estruturas da sociedade de classes. Todos aqueles discursos que a esquerda estava acostumada a monopolizar e reivindicar com orgulho, até mesmo em situações desnecessárias, em sua história recente, agora funcionam contra ela. E a história pergunta a ela: quem você realmente é agora?

Em momentos como esse, o racismo, a xenofobia, a perseguição contra as mulheres, indígenas e pobres, e a anti-reflexão (anti-intelectualismo) num país como o Brasil não diminuem, mas precisam aumentar e se consolidar como programas políticos, dentro desse espectro. Formas de vida vão ser condenadas radicalmente, talvez de maneira disfarçada e confusa, mas sem perder seu coeficiente de eficiência.

Há fragmentos do *Facção Central* nos quais temos o seguinte elemento: "Boy, nem filtrando seu sangue ariano tem pureza racial."[29] Mas quem vai ouvir? O problema não pode ser somente revertido em argumentos, o problema não é da ordem do discurso da verdade, mas do poder, da força política. As milícias, por exemplo, que se constituem com uma capacidade de domínio e repressão, são agora as gestoras oficiais do governo, pois se apropriaram do setor político e público; aprofundando essas estruturas que expomos recentemente. Esta realidade que atinge principalmente o Rio de Janeiro, se espalha pelo Brasil, crescendo como grupos políticos que vêm fazendo uma impenetrabilidade social de forma a se enraizar em vários outros segmentos sociais

---

29. CD 1. Homenagem Póstuma - Facção Central, 2006.

da sociedade. Em outras palavras, todas essas implicações precárias mostram a brutalidade na qual as condições de trabalho e sobrevivência no Brasil estão inseridas.

São condições que não poderiam existir sem a ajuda de outros setores que manifestassem essa potência. *Facção Central* os denuncia:

> Todo boy carrega os genes de Saddam Hussein
> se pudesse açoitava, decapitava 300 mil também
> Um minuto de silêncio pro condenado sem prova
> pro que faz juiz refazer nariz com cartilagem das
>   costas (...)
> Pro Carandiru que não é Guinnes por equívoco
> não contaram os presos no caminhão de lixo.[30]

A relação calorosa entre as classes sociais no Brasil orienta suas próprias divisões. Por estarem misturadas é que reforçam ainda mais as suas diferenças. Proudhon certa vez disse que já tinha visto a miséria de perto e tudo que sabia devia ao desespero. Essa condição amarga da vida define escolhas políticas tanto para o bem quanto para o mal.

Não seria novidade ver que o medo da miséria assombra todas as classes, sendo que cada uma pode considerar um pequeno degrau abaixo de suas condições argumentos o suficiente para se sentir um miserável, embora não seja exatamente isso. Devido à lógica do ideal de felicidade estimulada por nossas sociedades ser extremamente alta, essas expectativas são facilmente percorridas e obviamente decorrem em frustrações duradouras e vingativas, fazendo com que esse fantasma exerça um papel cruel entre as classes. Pois se tiver que aderir a uma espécie de neofascismo e

---

30. CD 1. Homenagem Póstuma - Facção Central, 2006.

neonazismo para garantir essas condições que afiançam sua condição e proteção de classe, de recursos adquiridos, essas classes vão utilizar essas ideologias enquanto manutenção de suas vidas, como expectativas de existência em seu horizonte econômico, social e cultural.

Todos esses esforços valem para abater outras classes. Infelizmente, a melhoria que amenizou os mais pobres nas últimas décadas se deu somente pela lógica do consumo e muito pouca politização se fez nesse processo, embora muitos puderam fazer deste consumo uma forma de politização – o que se fez mais de forma solitária do que a partir de um reflexo coletivo. Esse modelo deixou muitos acreditarem que suas demandas foram conquistadas somente com seus próprios esforços; reforçando a ideia de empreendedorismo e independência das políticas públicas e do Estado, orientação que muito favorecia a constituição de potências sociais radicalmente neoliberais nas décadas seguintes.

Essa visão eliminou todo um conjunto de relações de luta e de pressão – que começou com a reivindicação que passava pela força dos movimentos sociais e pela adesão de setores intelectuais, ativistas e artistas "entre o povo" – que mobilizava demandas do século XX e gerou um programa político e cultural que foi sendo estabelecido através do Estado no século XXI por um partido de "esquerda" no governo postulando essas transformações por meio de políticas públicas.

Facção Central denuncia uma parte desse jogo como a expressão de um favelado politizado que, por constituir essas referências – tudo aquilo que a "classe média" letrada inveja e não pode admitir – jamais pode ser levado muito a sério. Cabe aqui a fala de Maria da Conceição Tavares que nos lembra: o velho Hegel havia conjecturado que a classe média seria um dos fundamentos da sociedade moderna sendo invejosa por vocação.[31] É sobre vocês, não esqueçam! Essa cultura acaba gerando uma condição de classe confusa e enlouquecedora especificamente.

Temos uma mediocridade contida como visão de mundo, posição que se revela mimada e sem referencial proficiente diagnosticado enquanto demanda social. Em meio a todas essas facilidades que a vida imbecilizada fornece, as dificuldades são imperativas. O que fortalece, então, uma jogada do sistema que entrega essas verdades somente no final da "vida" desses agentes, quando muitos descobrem a veracidade de sua existência e já não é mais possível voltar atrás e desconstruir a envergadura social e política já reiterada.

É difícil se encontrar na posição de um ser completamente dispensável de papéis importantes em processos radicalizados (a favor da esquerda), mesmo tendo possuído os recursos básicos para isso, pois lhe faltam duas coisas: aquela alegria que somente o povo deslumbra; e o talento. Em outras palavras, ser uma pessoa segura, resolvida em suas dificuldades no mundo e humilde; ou ter aquela arrogância acolhedora que o conhecimento traz, pois liberta ao mesmo tempo que estende a mão sorrindo para quem está caído na sarjeta, precisando mais de um sorriso de confiança do que dinheiro e conhecimento sobre o mundo.

---

31. Podemos encontrar essas passagens no curso de Economia Política de Maria da Conceição Tavares, no Instituto de Economia da Unicamp (Data: 01 de abril de 1992 - Parte 1); e também na plataforma do YouTube.

Na letra de *Livro de Auto Ajuda*, do *Facção Central*, encontramos fragmentos memoráveis para pensar sobre o conteúdo dessas revelações. Vejamos:

> Talvez na vida passada tive orelha cortada
> no rosto um F feito em brasa por fugir da senzala
> Ficou os resíduos cármicos da minha reencarnação
> e hoje eu que marco o doutor com o F de Facção.
> No epicentro da tragédia sou livro de auto ajuda
> não ensino dar flor a quem te ataca de bazuca
> Mutilado de guerra sem vocação pra Pinóquio,
> meu oásis é sonda eletrodo, antibiótico.[32]

Podemos nos remeter ao horizonte da orelha cortada, consequência de uma obstinação incalculável. A mulher negra quilombola teve o papel de envolver a cultura brasileira ao negro, mobilizando os homens para a revolta, a fuga e a liberdade percorrida pelos quilombos, segundo Lélia Gonzales.[33]

A mulher aqui descrita, mãe e avó, é uma forma bem acabada de resistência e ataque gesticulado agora em seus filhos, e adornos referentes a mesma palavra, por ser o impulso criativo para que seus filhos (e parentes distantes) encontrem em seus sonhos castrados e injustiçados a realização de suas vidas, que passam também pela poesia, pelo conto, pela literatura – cujo sangue e lágrimas compõem o processo histórico e filosófico em sua realidade autêntica. Muitos filhos e filhas do rap encontram em seu repertório de vida sua mãe como peça fundamental da injustiça social e racial, pois visualizam esta história na biografia destas grandes mulheres.

---

32. CD 1. Livro de Auto Ajuda - Facção Central, 2006.
33. RIOS, Flávia; LIMA, Márcia (Org). 2020. pp. 179-180.

Desta forma, o *Facção Central* é tanto um filho da mulher quilombola quanto de Lélia Gonzales, a qual, por sua narrativa e interesse junto de sua formação em antropologia e filosofia, pode ser muito bem vinculada ao setor da teoria do rap. Temos aqui a única vingança que vale a pena e que, por ser assim, encontra sua rima na dança, sabendo arrancar da ossada os valores. Quem aprendeu a tocar com ossos humanos, porque não tinha dinheiro para comprar baquetas sabe o que estamos querendo dizer, e muitos rappers vieram de lá.

Ademais, sob as condições do "hoje", os fragmentos do *Facção Central* também articulam uma crítica a um modelo de sociedade que estava sendo mais sustentado enquanto propaganda publicitária de governo e desejo de emancipação social do que como realidade; aliviando injustiças tão antigas que poderíamos até sonhar e chorar, devido ao sofrimento de ver um povo que precisava ter condições mínimas de estrutura material e consumo – *pô, as mina tão comendo bixo! Vê isso primeiro.*

Contudo, por inércia desse movimento a ideia de auto ajuda em seu sentido profundo do termo, como forma de vida, foi constituindo valores ingênuos perante a realidade de um país que não queríamos ver, até mesmo por uma espécie de defesa psicológica, para sustentar uma vida psíquica emocional minimamente equilibrada. Diante disso, criamos uma bela cama de gato, sonhamos acordados numa cama de prego. Como manifestação coletiva, aparecemos finalizando ideias antes mesmo de conversar com a sociedade.

No começo do século XXI, falamos alto e como não ouvimos respostas, nos contentamos com o silêncio das pessoas. Concluímos, apressadamente, que estávamos todos do mesmo lado. Um indígena, quando entra na mata, não conversa alto, não quer cutucar a onça com vara curta. Essa é uma lição não aprendida entre nós e, na política, uma das coisas que mais fazemos, o que é seguido do susto que todos levam com as consequências que isso produz.

Temos a sensação de termos criado um consenso democrático, uma unanimidade política e harmônica, uma "evolução", mas esquecemos que a política na democracia é justamente o contrário do que estávamos vivendo, pois tomar posição é uma expressão política, e tomar partido é tomar parte de algo. O fenômeno pode ser transcrito assim:

> FC (Facção Central) não é unanimidade,
>   unanimidade é burra
> pros cuzão apologia, pra favela auto ajuda
> AM, FM é enxurrada de groselha
> axé, sertanejo, pagode mela cueca
> Letras sem criatividade preocupação social
> O mesmo hit' em mil versões fórmula comercial
> Música é prostituída pra quê rap alto astral?
> Cuzão, quer sorrir vai ver zorra total
> Quem vive vida tribal caçando pra comer
> não quer ouvir sobre goró, se comi puta no rolê
> Nosso suor fez a Paulista o teatro o museu,
> mas na placa de bronze não tem seu nome nem o meu
> No seu paraíso o preconceito não é maquiado
> o branco tem melhor salário que o negro no
>   mesmo cargo.[34]

Os dois primeiros versos da estrofe desenvolvem a composição do refrão da música. *Facção Central* não quer se autorizar

---

34. CD 1. Livro de Auto Ajuda - Facção Central, 2006.

a ser a única expressão legítima tanto da periferia quanto do discurso crítico do *hip-hop*.

Ao mesmo tempo, percebemos a necessidade de formularmos um debate público sobre as questões pontuadas enquanto problemas sociais. Debate do qual todos e todas devem participar, pois as mazelas são distribuídas no conjunto da sociedade, onde alguns ganham, mas todos perdem.

Se a unanimidade é burra, acaba tendo uma postura fraca em sua constituição política, o que acontece quando é desenvolvida *a priori*, ou mesmo de maneira forçada, sendo antecipada e colocada entre os encaminhamentos finais num palco da vida onde ninguém corre riscos. Sobre isso, Bachelard adverte: a verdade é filha da discussão e não filha da simpatia.[35] *Facção Central* aprofunda essa ideia de simpatia, em seu sentido sociológico, e denuncia esses processos.

No consenso ficcional produzido pela lógica do mercado de massas, a qual está a mercê de uma padronização que se faz para manter uma aparência de igualdade estética e reconhecimento cultural, no qual a música, a arte e a cultura de rua estão submetidas, temos consequências que naturalizaram processos deturpadores.

Processos que promovem estilos críticos que vêm das ruas com a potência de resumir conclusões de livros imensos somente pronunciando alguns haicais, de traduzir fragmentos de forma fixa e direta, apresentando uma vida cheia de marcas da violência alegórica e concreta. As letras discutidas por todo o texto tem fragmentos longos e bem descritos, como um artigo musicalizado. *Facção Central* traz à tona a denúncia que a história do Brasil não deixa de caracterizar,

---

35. BACHELARD, Gaston, 1979. p. 81.

expondo um país cujo elo fundador é a formalização da constituição da política junto do poder judiciário, o qual foi produzido sob o fenômeno da escravidão que abandonou o passado colocando-se no presente. A partir da denúncia, visualizamos um conceito que ainda está sem teoria constituída diante dessa demanda social exagerada e anônima.

Neste fragmento temos uma espécie de desabafo, no qual são apresentadas algumas configurações dos passos políticos do país quando começaram a se articular para criar as condições que vivemos hoje. Vejamos:

> Na cabeça do justiceiro joguei de Uru
> mas sou menos periculoso que a dona da Daslu
> Não tenho dólares na zorba não recebo mensalão
> nem sou a Universal com 10 milhões em dízimo
> no avião
> Quero crer em Allan Kardec que após a morte há vida
> um plano onde as almas se encontrem um dia
> Me apegar no improvável talvez traga o conforto
> pra aceitar as missas de corpo presente no morro.[36]

Na época, discurso hiperbólico fazia o seu trabalho, conquistando parcela da população fragilizada que tinha seus motivos para se decepcionar e se agarrar em alguma coisa, simplificando o conceito de "corrupção"; não percebendo as manobras que constituíam substantivos e as mentiras que produziam sobre algumas verdades. O *Facção Central* se mostra atento ao discurso sobre corrupção que a mentalidade da classe média utilizaria contra a esquerda que estava no poder e que, aliás, perpetuava conciliações e descasos, se misturando com tudo aquilo e com aqueles que não iriam

---

36. CD 1. Livro de Auto Ajuda - Facção Central, 2006.

traí-la, como dizem, apenas executariam e desfrutaram das regras de um jogo consolidado.

Ainda sobre esses mesmos caminhos, alertando a população que existe um jogo que não é dama, mas sim xadrez, a entonação do verbo se faz assim:

> Preferi citar Hendrix, Maradona, Garrincha
> alertar a favela sobre o álcool e a cocaína
> Citar que aqui plastifico o jornal do meu assalto
> prêmio no crime é ser lembrado, ladrão bom era o finado
> Compor horror Stephen King não me fez realizado
> (...)
> Na prova dos nove tenho mais filantropia
> que o hip-hop massa de modelar da mídia.

Neste sentido, convida-se a compreender que a mídia tem um papel na formação da opinião dos que não tem opinião, fazendo com que tenham, nesse exercício, uma convicção segura dos fatos que vem sendo produzida desde o século XIX, com a formação de uma "classe da opinião pública". Formulação que tem uma representação política, social e estética diversa.

Facção Central formaliza essa questão da seguinte forma:

> "Lei 9455, tortura, da Romão Gomes
> se a TV chocar a opinião pública
> cultura desde o século XIX intacta
> pro escravo da América [do século] XX, aqui 200 chibatadas
> DOI-CODI, ditadura, 64 à 85."[37]

O trecho que se encontra na música *Roleta Macabra*, anuncia muito da realidade presente em nossos dias, feito

---

37. CD 2. Roleta Macabra - Facção Central, 2006.

uma roleta direcionada a nosso povo. Por exemplo, no Rio Grande do Sul os homicídios de negros aumentaram 89,3% entre 2007 e 2017.[38] *Roleta Macabra* é uma música que configura esse movimento progressivo das condições sociais do Brasil, que evoluem no ritmo que o *Facção Central* articula, traduzindo em "serenata" e teoria o que presencia ao seu redor e sente na pele, empiricamente. Essa canção se combina a uma trilha sonora de fundo, a bonita e dramática música *Love Suite do álbum To Markus III*, de 1970, o terceiro álbum da banda *Nirvana* (a outra banda *Nirvana*, famosa nos anos noventa no final do século XX, de Kurt Cobain, utilizou o mesmo nome da banda inglesa).

Indo em frente, diante dessa historicidade brasileira e temporal, o negro se viabiliza como uma imagem cheia de significados que servem a interesses determinados. Segundo Adilson Moreira, a representação da negritude na televisão brasileira (e agora, também na internet) são de costume inseridas em práticas, na maioria dos casos, normalizadoras de compassos que carregam as mesmas imagens "ideológicas" presentes na história da imprensa brasileira.[39]

O racismo ganha uma formalização estética que nos é vendida mais como atribuição "recreativa" e isenta de juízos de valores do que uma expressão carregada de heranças racistas. Legado que faz com que a mídia não tenha boa vontade para com as questões desse universo racista constatado criticamente, a não ser a nível de publicidade, marketing, propaganda e entretenimento. Os negros e as

---

38. ABATI, Lucas. *Homicídios de negros aumentaram 89,3% em 10 anos no RS*. 05/06/2019 - 22h00min. GZH segurança atlas da violência. *Em 2017, 833 foram assassinados no RS, contra os 440 mortos em 2007.*

39. MOREIRA, Adilson, 2019, p. 100.

negras presos a essas condições não são pessoas perigosas, pois só questionam aquilo que é permitido pelos seus patrões, geralmente brancos, e isto é muitas vezes confundido com uma atitude democrática. É em meio a essa pressão que a *Roleta Macabra* se estabelece.

Quando é pronunciado o seguinte refrão: "Plá, plá, plá sinto o cheiro de túmulo, a roleta macabra sorteou nosso número"[40] entendemos nos mesmos termos a beleza de uma irônica passagem que se torna enigmática por ser tão simples e poderosa e, ao mesmo tempo, a articulamos a Schopenhauer, em seu sentido social da questão, quando diz que a única alegria do rebanho é quando o lobo come a ovelha do lado. Temos aqui um pouco do individualismo covarde, estúpido e sádico.

É diante dessa "verdade" que o "revolucionário" vomita, pois não tem estômago suficiente para viver em uma sociedade do fazer de conta, mas que hegemoniza a garantia distributiva das relações sociais, enquanto imperativo categórico. Ambas orientações da verdade (*Facção Central* e Schopenhauer) simbolizam um mesmo mundo de significados. Bem-vindos e bem-vindas aos versos do rap que podem ser alimento para nossa filosofia descolonizada. O tropos do rap é uma realidade de pertencimento que envolve a sociedade como um todo.

Os negros e as negras (pretas e pretos) que estão subordinados às condições da *Roleta Macabra* forçosamente pouco refletem sobre a cultura pelega que está orientando grande parte das cartas que estão sendo postas na mesa como matriz de liberdade, igualdade, resistência, engajamento e

---

40. CD 2. Roleta Macabra - Facção Central, 2006.

inteligência. É importante reformular o que somos, quando nos subordinamos a essas configurações, aos olhos do sistema vigente. Por esses meios, estamos nos educando de tal forma que não sabemos a diferença entre se queixar e fazer uma crítica pontual e misturamos indevidamente terapia com política e lógica do poder com hibridismo cultural. Nestes termos, a luta "decolonial" pode virar uma festinha com dancinhas ridículas, um samba chapa branca, uma ida aos céus garantida, ou a manifestação da graça medieval em seu sentido secular, como único caminho viável a ser percorrido em nossas lutas sociais; a teleologia dos outros sempre é maior e mais prejudicial aos nossos olhos.

As consequências sociais dessas escolhas e limites carregam e orientam a temática da temperatura desses conflitos sociais no Brasil, como é pontuado pelo grupo *Facção Central*: enquanto uns se escondem atrás da bíblia e outros votam o projeto para diminuir a maioridade penal começar na barriga da mãe há também o negro que protesta pelos seus direitos e pelas cotas na faculdade e por isso acaba enforcado na mesa do DEPATRI.[41] Esse seria o cenário mais comum em questão apontado pelo grupo de rap.

O nível social e o individual, segundo Georg Simmel, produzem o significado prático que constitui o ser humano por meio de suas semelhanças e diferenças. O entrelaçamento dessas duas figuras busca uma conciliação entre a luta que muda seus agentes de lado através da história da cultura da humanidade.[42] Neste sentido, o *Facção Central* mobiliza uma convocação aos "*playboys*", alertando para que prestem

---

41. CD 1. Espada no Dragão - Facção Central, 2006.
42. SIMMEL, Georg, 2006, p. 45.

atenção em quem os transformou nisso e pressionando para que tomem um lado na luta social, pois suas escolhas têm de ser feitas no agora. Quem os transformou nisso os faz escolher pelo reflexo, sem pensar, sem teorizar a vida; a condição de discernimento é organizada assim, para que sejam reféns dessa reflexibilidade que foi dada e enraizada meticulosamente através do tempo. Ou seja, o *playboy* também é um escravizado, visto que a cultura do capital é uma taxonomia piramidal que organiza a sociedade. Caminhos que percorrem assim, para que o vacilo seja constante. O rap acrescenta:

> Vocês têm faculdades, adestraram os robocops
> Mas seu carro forte não compra meu Hip Hop, dou
>   a vida pra cantar meu verso proibido
> Nasci pro carimbo de insolúvel do DP de homicídios
> No DEIC o corno vai gritar "caralho, filho da puta
>   eletrocutei suas bolas e a ideologia não muda",
>   vim pra por no whisky a elefantíase, o leproso,
>   implorando com a receita, a moeda do seu bolso,
>   o estudante que assina e dá o documento do carro
>   Pro DENARC não forjar participação no tráfico
> Sente a radiação FC, via onda sonora, a mais letal
>   das armas biológicas
> Não adianta blindar carro, pôr vigia na porta, seu
>   pior inimigo ataca via onda sonora, os decibéis
>   da nossa dor vão estourar seu tímpanos, vim pra
>   por estricnina no seu whisky envelhecido.[43]

Ademais:

> Aí multinacional, não adianta insistir
> seu dólar não transforma Facção em Kelly Key
> Quero o topo da Billboard, o Grammy, o planeta

---

43. CD 2. A Bactéria FC - Facção Central, 2006.

não com o cu de Harley Davidson cantando minha
    letra (...)
Se não fosse autodidata em cultura marginal
tava algemado na maca no corredor do hospital
Respiro pólvora, canto sangue,
não existem dias felizes
Todo pobre é um Kunta Kinte estrelando seu Raízes
herdeiro sangue azul eu não subo no seu palco
pra mim cem mil playboy não vale um favelado
honro o Facção na pele sofrida que não sabe o que
    é justiça, corregedoria
me proclamei sonoplastia do que incendeia o coletivo
com a profissional do filho que o PM matou a tiro
deus não deu Neston e Pamper's,
não me quis universitário
deu uma mãe faxineira pra eu ser revolucionário (...)
Quero que o boy digerindo meu rap sinta o gosto
    da morte
o gosto do pão do lixo da barraca de dog
não quero o hall da fama
quero o grupo dos eternos ser lembrado igual Tupac,
    isso que é sucesso.[44]

Não devemos fazer generalizações desatinadas, mas podemos direcionar esses fragmentos como sinais de alerta para o que viria a ser a "motociata" de Jair Bolsonaro – obviamente também em sua conotação ridícula –, para a qual se contrata milicianos que jamais andaram de moto e estão ali somente para exercer seu voto social fascista e onde não vemos motos populares – só isso já nos garante grande parte do discurso que o *Facção Central* sustenta, "não queremos jamais que o *playboy* de Harley Davidson cante nossas letras, sendo que centenas de *playboys* não valem um favelado". Esses

---

44. CD 2. A Bactéria FC - Facção Central, 2006.

fragmentos são também anarquistas e comunistas, adicionando mais uma dosagem de revelação dos papéis sociais e políticos que se configuram como reivindicação históricas. A sociedade não nos atribui apenas direitos, mas também deveres. Esse processo nos proporciona um olhar crítico sobre aqueles que acreditam que a meritocracia econômica, social, política, artística e cultural podem se transformar em um lugar legítimo. Os movimentos sociais praticam os pontos definitivos para organizar essas ocorrências criticamente; fazem essa disputa. O *Facção Central* dá um conselho a esses movimentos: "Atenção, MST, uma dica, no Brasil o congresso é a área mais improdutiva".[45]

O *playboy* deve respeitar o povo e ter consciência de que tudo de belo e vantajoso que está a sua volta foi construído com sangue e sacrifício de muitos, por isso a gratidão a este estamento é bem-vinda. Ao mesmo tempo, a dimensão da vida de *playboy* deve, também, aprender a ser ingrata com suas origens mais maléficas, principalmente aquelas que sustentam nossa falta de percepção da vida concreta em situação extremamente desigual de um país como o Brasil. As estatísticas estão para todos os lados, basta procurar o mínimo de informação, para começar.

A desatenção brasileira está emaranhada com a vida prática; perdidos nela estamos e, quando nos achamos, a defesa caminha submetida a alguém que nos achou primeiro, para fortalecer seus próprios interesses, servindo para a cota de manutenção das elites dirigentes à direita; e o máximo de horizonte crítico tem se resumido àquela esquerda mofada que não discute os modos de operação da

---

45. CD 2. Front de Madeirite - Facção Central, 2006.

participação popular na democracia. Devemos ter mecanismos de cobrança sobre o político eleito tais como cobrar nossas demandas em sua casa, sem precisar seguir na linha do protesto com carro de som promovido com gritos de ordem que não ordenam nada; mas que possam ser atributos normativos de um direito conquistado.

O *playboy* aprende a ser cruel, brutal, sádico ou choroso, se sentido culpado, envergonhado, perdendo a sua capacidade de ser um traidor singular e altivo como Oscar Wilde; ou a ser tão desaforado e provocativo quanto Bronstein que, ao se referir a si mesmo, passou a usar o sobrenome Trótski, que era do carcereiro que o "maltratava". Tendo, então, o seu "nome de guerra", revolucionário, alterado para Trótski[46], se utilizando de uma homenagem irônica, vingativa e alegre, possivelmente, para intrigar seus historiadores, historiadoras e biógrafos. Apelido que colocou a si mesmo, como os próprios rappers fazem, muitas vezes, pelo âmbito psicossocial de suas vidas ser marcado por experiências pesadas, como o lombo de uma vaca que é marcada a ferro e assim permanece por toda a sua vida. Nesse ponto, encontramos uma verossimilhança de mundos entre os artistas, os rappers e "os revolucionários".

O Brasil é um país que tem um PIB que sustenta a condição das classes, das massas, de ter uma renda acima do horizonte de uma vida pobre, o que faria muitos se surpreenderem. Tudo isso feito sem muito alarde e esforço, trabalhando somente sobre os detalhes que passam por fora do sistema econômico, fugindo daquela economia direcionada ao senso comum que sustenta o imaginário do povo

---

46. HOWE, Irving, 1978, p. 8.

erradamente quando este pronuncia a mentira deslavada de que "o Estado é como aquela dona de casa que gasta demais, por isso sua vida não anda." Não há paralelo mais maldoso do que esse que, na busca de desinformar informando, atrelado a isso temos um atraso social e intelectual do povo, distribuindo ignorância gratuita e de péssima qualidade. Recomendamos os trabalhos de Ladislau Dowbor, o qual não nos deixaria mentir mesmo se estivéssemos falando pelo alto, sem acúmen analítico; seu site (dowbor.org) disponibiliza seus livros e artigos, os quais são muitos e absolutamente gratuitos. Ladislau Dowbor é um dos autores que pode nos comprovar que o nivelamento das classes sociais faria sua camada mais baixa ser mais alta de maneira sólida, em relação a compreensão que temos hoje do que são condições de vida da "classe média", a qual, no fundo, é uma classe fraca e permeável de "pobrezas" de cunho material e espiritual.

Passando para um olhar mais melancólico e dramático do texto, olhando como quem analisa "de fora", o relato social do grupo também pode servir como um desabafo de quem está cansado de lutar. A tragédia se mobiliza assim:

Vi Rodan na estátua
o Pensador na prisão
fazendo caravela com emblema do timão
Confesso ainda não aprendi a amar os inimigos
mas aperto sua mão pra subtrair um tiro
Queria uma nave pra levar as crianças pro espaço
e só trazer quando os homens já tivessem se matado
Queria o poder de apertar a tecla pause
antes do choque no Denarc, da pedra de crack
Queria o poder de apertar a tecla pause
antes da 9 mandar miolos, pá, pá, pelos ares (...)
Acreditavam que em 2000 moraríamos na lua

> hoje o carro não voa e sem Porto nem sai na rua
> Hoje tem cana disfarçada de puta na campana
> dá o cú por informação e os 5 do programa (...)
> Não acredito que haja mais Betinho, Chico Mendes
> porque só trombo Pinochet na minha frente.[47]

Gostaríamos de acrescentar que nessas figuras de linguagem temos uma crise inalada na garganta de nossa sociedade. Expressões que não são meramente estéticas, inseridas numa lógica interna do rap e do *hip-hop*, constituindo estilos contestatórios. O rap é a metáfora da qual a ciência social precisa para se popularizar culturalmente. O Rap prefere adivinhar, assim como a ciência também advinha, a saber, porque a vida é um sopro.

Ao longo desses fragmentos o perigo cria a ansiedade para que abandonemos o pensamento organizado, o pensamento que nos facilita ser uma pessoa resolvida diante do "*Dhamma*", a verdade budista que coloca "*pada*", o caminho dentro do qual se encontra a rota, plano de ação pensado e executado, aquele monismo que orienta a imaginação que atua, ou o que podemos chamar de "*Dhammapada*". Um exemplo disto é o rapper saber que o seu maior inimigo não é a sociedade nem seus adversários que o querem morto ou vivendo na sarjeta, mas que quem pode realmente prejudicá-lo são seus próprios pensamentos. Ou seja, seus pensamentos insensatos podem, uma vez não dominados, arruiná-lo.[48]

Ninguém pode ajudar tanto quanto seus pensamentos quando bem organizados e direcionados (os estudos). É nesses termos que a materialidade da vida em sua ação concreta

---

47. CD 2. Tecla Pause - Facção Central, 2006.
48. GEARY, James, 2007, p. 47.

encontra sua versão teórica; para a surpresa do ser prático que se atira sobre a ação prática sem conhecê-la bem, movido somente pelos desejos que o fracasso, na medida do tempo, já envolveu em sua vida – postulado que corrompe suas boas intenções sobre o mundo. Ora, a prática não pensada é afogada pelo reduto da experiência (que acumula muitas práticas). Em outras palavras: a prática é o grão de areia e a experiência, a duna de areia.

O problema é quando cada vírgula adotada no texto do rap, separa e declara a realidade brasileira de forma melhor acabada do que a própria inserção crítica das humanidades acadêmicas. Ou quando fazem isso em um mesmo nível, mas acabam, como sempre, sendo um tropo teórico cuja lógica interna é desconsiderada. A *Tecla Pause* representa este trem desgovernado, chamado Brasil, que precisava ser parado porque os rumos da coisa não andavam bem, enquanto as propagandas dos governos no poder e na mídia chapa branca, de maneira geral, estavam – como ainda estão – destinadas a anestesiar a realidade, na busca de cumprir um outro papel na história do Brasil. Pela fresta da porta *Facção Central* via o que a sociedade não aguenta ver:

> Ratatá, ratatá, o sangue vai escorrer
> aqui é onde o filho chora, bum, e a mãe não vê (...)
> a morte dá o topo da hierarquia na nossa monarquia
> (...)
> aqui ninguém quer beatificação do papa
> Santa é a mulher com a máscara de ferro, a Anastácia.[49]

Quando as "Anastácias" são encontradas, tanto no presente quanto no passado, pode-se dizer que o Brasil não mudou

---

49. CD 1. Aonde o Filho Chora e a Mãe Não Vê - Facção Central, 2006.

suas escolhas mais criativas no setor das expectativas da vida social. De modo que nem mesmo a palavra revolução empolga, pois ela se torna um eixo conservador diante da praxeologia (estudo metodológico das ações práticas humanas) dos fatos.

Basta olharmos um pouco para as estatísticas, para o levantamento das cinquenta cidades mais violentas do mundo. O ataque aqui é a Cristóvão Colombo e seus comparsas, pois o continente americano está envolvido em uma grande duração histórica dentro da historicidade da matança, dentre a lista das cinquenta cidades mais violentas do mundo. Os territórios presentes na lista são quinze cidades no México, quatorze no Brasil, seis na Venezuela e quatro nos Estados Unidos.[50] Neste aspecto, o léxico sonoro do *Facção Central* não é uma miragem, mas se constitui como um registro histórico. As estatísticas se alteram com o passar dos anos, mas não perdem seu conteúdo territorial estrutural.

Facção Central, em seu discurso *Passageiro da Agonia*, diz que conhece a colonização que não está nos livros não só por desconhecimento técnico e histórico, mas por perceber a continuidade de um tipo de passado produzido no presente, processo que os historiadores não dão conta de analisar, como é de se esperar. Talvez seja, ainda, por não abraçarem aquele tipo de definição que Proudhon fazia da economia em sua manifestação política, pois ela é fruto de uma ciência da observação e da experiência, não exatamente de uma formação, em primeira instância, que nos leva a observação e a experiência; existe uma temporalidade aqui

---

50. Da Redação EXAME. Estas são as 50 cidades mais violentas do mundo. Publicado em: 06/04/2019 às 06h00 Alterado em: 08/04/2019 às 11h09. https://exame.com/mundo/estas-sao-as-50-cidades-mais-violentas-do-mundo/.

que divide a questão, posição pouco percebida. Essa esgrima de Proudhon é um protesto a favor do mundo do trabalho, em suas medidas reflexivas, e do pensamento que politiza a ação dos outros.[51]

A economia política do século XIX produz mais ciência do que a economia do século XX. Embora não tenhamos cadeiras com esses nomes nas universidades (e, se temos, não são suficientes para colocar o volume imperativo da disputa social e política do fato), algumas pessoas pensam e se legitimam, por essas esferas de conhecimento, usando a periferia do mundo enquanto posição de filosofia política, para garantir esse tipo de construto de uma economia política.

A "visão periférica" articula esses conhecimentos, situando outra equação social que nós não estamos acostumados a perceber nem preparados para enxergar. Existe uma economia política funcionando nas descrições do rap sobre a comunidade. Muito do que está a se direcionar nestas temporalidades políticas da narrativa da teoria do rap cabem como notas de rodapé de um pensamento que passa por Paulo Freire.

Ao abrirmos o livro *Pedagogia do Oprimido*, Ernani Maria Fiori trabalha como um DJ: usa um mínimo de palavras com a máxima polivalência fonêmica, o ponto de partida para a conquista do universo vocabular. Essas palavras, oriundas do próprio universo vocabular do alfabetizando, uma vez transfiguradas pela crítica, a ele retornam em ação transformadora do mundo.[52] Ao penetrar nesse trecho, podemos dizer que Paulo Freire leria o *hip-hop* e escutaria a teoria do rap, pois existe uma filosofia das ruas louca para

---

51. PROUDHON, Pierre-Joseph, 2007. p. 308.
52. FREIRE, Paulo; FIORI, Ernani Maria, 1987. p. 6.

entrar em ação como a merendeira da escola; ou como a criança que corre brincando, perdendo o chinelo na corrida, para entrar na fila do suco (e, obviamente, para logo depois entrar nos livros).

Facção Central faz sua leitura de mundo da seguinte forma: "Não sou pensador como Sócrates e Platão, mas as leis, a televisão, não conseguiram minha alienação. Enxergo na ciência só uma raça, a humana, na biologia não tem supremacia branca".[53] Em outras palavras: o que mais assusta o sistema e os próprios acadêmicos elitistas (da esquerda à direita) é a pensadora sem currículo, o talento sem oportunidade e a militante intelectual anarquista com um ótimo currículo lattes.

Ora, quando lemos ou ouvimos esses fragmentos, por não estarmos acostumados, e porque as procedências aqui não pedem nossa autorização, temos, às vezes, uma impressão preconceituosa ligada a uma desconfiança pedante diante dessas conexões, porque não estão sendo feitas por nós. Nesse sentido, acabamos nos justificando sem precisar pesquisar os fatos, sem descobrir se está sendo bem feita a sua condução.

Muitos preferem se garantir pela lógica de um historicismo barato, o que nos mostra um certo patrimonialismo conservador nas humanidades, em se tratar do campo da história, como já reiteramos. É nesse sentido que somos mais rankeanos do que o próprio Ranke.

Enfim, se é que ainda necessitamos de alguma demonstração de que a teoria da história se encontra na beira do rio com a teoria do rap, o *Facção Central* argumenta

---

53. CD 2. O Passageiro da Agonia - Facção Central, 2006.

que "Quem tem coração de zumbi, não aceita cortar cana (...) / Cansou de sonhar com emprego no prédio da Força Sindical".[54] O horizonte político do povo não é a cultura pelega como caminho único para a restituição de suas causas; é óbvio que para sustentar essa mediocridade política é preciso apelar para grandes conciliações com as táticas da direita decrépita, que influencia para esconder aquilo que não se está rompendo, a interesse da passividade social, destinada a cultivar a nossa humilhação na esperança.

Se quanto mais humilhação passarmos, mais reativamos nossa esperança, jamais sairemos do lugar nesta vida; como dizem muitos políticos e militares à direita: *a esperança do povo, quando este está a bater palmas para nós, produz excesso de saliva, assim, ele acaba babando e, nessa hora, se alimenta de baba, por isso não precisamos mais alimentá-lo.*

Para fundamentar esse adágio em resposta recíproca, podemos dizer que a metáfora é um ponto, um lugar de disputa política, e muitos intelectuais à esquerda ainda não entenderam seu papel dentro dessa disputa. Parte das pessoas, do povo, está se perguntando: o que fazer com isso e aquilo? Com minha rebeldia, legitimidade e capacidade? – debates vazios não nos atraem mais.

A teoria da história tem duas expressões vinda dos clássicos e remete a momentos na história em que a pergunta talvez não se repita, como já dissemos, mas rime. Bakunin inaugurou a questão em seu programa textual de 1873, na Suíça, com "*Aonde ir e o que fazer?*" e Lênin, em 1902, na Rússia, intitula seu livro no mesmo espírito da questão, "*Que fazer?*".

---

54. CD 2. O Rei da Montanha - Facção Central, 2006.

Em 2006, *Facção Central* canta sua literatura raivosa, alegórica, semântica, lírica, sociológica, agressiva, precisa, reveladora, anunciando o precipício social, o barco que está indo em direção a cachoeira, em um disco duplo com 26 músicas. O *Espetáculo do Circo dos Horrores*, cantou uma face da realidade brasileira e, passados alguns anos, esse discurso se tornou uma lúcida práxis, posição acertada em suas tendências sociais e perspectivas históricas. Mais até do que qualquer análise feita por analistas experimentados, reconhecidos, pagos a rodo pelo capitalismo financeiro, que garante sua vida material justamente porque seus trabalhos são bastante ineptos diante do tempo.

Facção Central oferece suas performances de graça, vindo das ruas, visualizando caracteres que não são nem um pouco desmentidos ou menos atuais em relação aos que assumem o poder a partir de 2016.

Fomos sendo assaltados aos poucos pela extrema-direita silenciosa, que só faz barulho quando a batalha está praticamente ganha e tem no neoliberalismo o seu grande marketing popular, seu trabalho de base. O neoliberalismo engoliu até mesmo parte das expectativas de um mundo à esquerda, perdido na cultura da linguagem de um jornalismo abominável, mas vendido como pensador engajado e comprometido (vendendo para quem ainda não sabe muito bem o que é pensador, militância e engajamento). Devemos retomar uma pergunta crucial: agora que a teoria da história e o espetáculo do circo dos horrores no Brasil estão em nossas mãos, o que vamos fazer com esses fatos que se tornam um agora? Você!

VII
ÁLBUM DE ESTÚDIO DO FACÇÃO CENTRAL

O Espetáculo do Circo dos Horrores: disco duplo, lançado dia 6 de junho de 2006.

    Disco 1 (CD 1).
    01. O circo chegou.
    02. O espetáculo do circo dos horrores.
    03. Cartilha do ódio.
    04. Castelo triste.
    05. Abismo das almas perdidas
    06. Interlúdio.
    07. Sonhos que eu não quero ter.
    08. Aparthaid no dilúvio de sangue.
    09. Resgate.
    10. Homenagem póstuma.
    11. Livro de auto ajuda.
    12. Sem limites.
    13. Espada no dragão.
    14. Aonde o filho chora e a mãe não vê.

Disco 2 (CD 2).
01. A bactéria FC.
02. Roleta macabra.
03. Front de madeirite.
04. Cortando o mau pela raiz.
05. Pacto com o diabo.
06. Bala perdida.
07. Tecla pause.
08. Memórias do apocalipse.
09. A Capela dos 50.000 espíritos.
10. Passageiro da agonia.
11. O Rei da montanha.
12. De mãos dadas com o inimigo.

Obs.: As letras de música colocadas no texto ganharam nossa intervenção; fizemos adequações para aproximar os fragmentos às demais citações e formalismo do trabalho.

REFERÊNCIAS

ABATI, Lucas. *Homicídios de negros aumentaram 89,3% em 10 anos no RS.* 05/06/2019 - 22h00min. GZH segurança atlas da violência. *Em 2017, 833 foram assassinados no RS, contra os 440 mortos em 2007.*

ALMEIDA, Silvio Luiz. *Racismo.* Enciclopédia Jurídica da PUCSP, tomo I (recurso eletrônico): *teoria geral e filosofia do direito* / coords. Celso Fernandes Campilongo, Alvaro Gonzaga, André Luiz Freire - São Paulo: Pontifícia Universidade Católica de São Paulo, 2017.

ALLUCCI, Renata R. *Mulheres de palavra: um retrato das mulheres no rap de São Paulo.* São Paulo: Allucci & Associados, 2016.

ALVES, Soraia. *Pintora cubana recria obras de arte clássicas com mulheres negras como protagonistas: trabalho de Harmonia Rosales busca imaginar como seriam as obras clássicas se a estrutura dominante fosse feminina e negra.* Em 6 de Setembro de 2018. B9 Conteúdo e Mídia Ltda. Em https://www.b9.com.br/96304/pintora-cubana-recria-obras-de-arte-classicas-com-mulheres-negras-como-protagonistas/.

ARANTES, Paulo. *O novo tempo do mundo: outros estudos sobre a era a emergência.* São Paulo: Boitempo, 2014.

ARBEX, Daniela. *Holocausto Brasileiro, vida genocídio e 60 mil mortes no maior hospício do Brasil.* São Paulo: Geração editorial, 2013.

ARENDT, Hannah. *A condição humana.* Rio de Janeiro: Forense Universitária, 2007.

ARIÈS, Philippe. *O Tempo da História.* São Paulo: Editora Unesp, 2013.

ARISTÓTELES, *Poética.* Lisboa: Edição da Fundação Calouste Gulbenkian, 2008.

ARON, Raymond. *Etapas do pensamento sociológico.* São Paulo: Martins Fontes, 2000.

AVILA, Arthur Lima de. *Indisciplinando a historiografia: do passado histórico ao passado prático, da crise à crítica.* In: Revista Maracanam (UERJ) n. 18, jan/jun. 2018.

BACHELARD, Gaston. *Os pensadores.* São Paulo: Abril, 1979.

BANAT, Gabriel. *The Chevalier de Saint-Georges: Virtuoso of the Sword and the Bow.* New York: Pendragon Press, 2006.

BAUER, Caroline Silveira & NICOLAZZI, Fernando. *O historiador e o falsário: usos públicos do passado e alguns marcos da cultura histórica contemporânea.* In: Vania História, Belo Horizonte, vol. 32, n. 60, set/dez 2016, p. 807-835.

BORGES, Juliana. *Encarceramento em massa.* São Paulo: Sueli Carneiro, Pólen, 2019.

BRANDÃO. André Figueiredo. *Friedrich Engels e a questão do método no marxismo.* Germinal: Marxismo e Educação em Debate, Salvador, v. 12, n. 3, p. 76-95, dez. 2020. ISSN: 2175-5604. DOI: http://dx.doi.org/10.9771/gmed.v12i3.39287.

BAUDRILLARD, Jean. *A troca impossível*. Rio de Janeiro: Nova Fronteira, 2002.

BURKE, Peter. *A Revolução Francesa da historiografia: A Escola dos Annales (1929-1989)*. São Paulo: UNESP, 1992.

CASTORIADIS, Cornelius. *Uma sociedade à deriva: entrevistas e debates – 1974 – 1997*. Aparecida, SP: Ideias & Letras, 2006.

CHAKRABARTY, Dipesh. *The death of history: historial consciousness and the culture of late capitalism*. In: Public Culture, vol. 4, n .2. 1992.

CONDÉ, Mauro Lúcio Leitão (Org.). *Ludwik Fleck: estilos de pensamento na ciência*. Belo Horizonte, MG: Fino Traço, 2012.

CONFAVREUX, Joseph; MBEMBE, Achille. *Entrevista com Achille Mbembe* (138). Tradução Ana Cláudia Holanda – Revisão Haroldo Saboia, N–1 edições, 2020. https://www.n-1edicoes.org/textos/133.

CURI, Luciano Marcos; SANTOS, Roberto Carlos dos. *Ludwik Fleck e a análise sociocultural da(s) ciência(s)*. Livros & Redes Hist. cienc. saúde-Manguinhos 18 (4) Dez 2011. https://doi.org/10.1590/S0104-59702011000400013.

DENBY, David. *Herder: culture, anthropology and the Enlightenment*. HISTORY OF THE HUMAN SCIENCES Vol. 18 No. 1. © 2005 SAGE Publications (London, Thousand Oaks, CA and New Delhi) pp. 55-76 [18:1;55-76; DOI: 10.1177/0952695105051126].

EDINGER, Edward, F. *A criação da consciência: o mito de Jung para o homem moderno*. São Paulo: Cultrix. 1984.

EVARISTO, Conceição. *Olhos d'água*. Rio de Janeiro: Pallas: Fundação Biblioteca Nacional, 2016.

FANON, Frantz. *Alienation and Freedom*. London: Bloomsbury Academic, 2018.

_____. *Pele negra, máscaras brancas*. Salvador: EDUFBA, 2008.

FAUSTO, Boris. *Crime e cotidiano: a criminalidade em São Paulo (1880 – 1924)*. São Paulo: Brasiliense, 1984.

FEYERABEND, Paul. *Contra o Método*. Rio de janeiro: F. Alves, 1977.

FOUCAULT, Michel. *Eu, Pierre Riviere, que degolei minha mãe, minha irmã e meu irmão... um caso de parricídio do século XIX*. Rio de Janeiro: Edições Graal, 1977.

FREIRE, Paulo. *Pedagogia do oprimido*. Rio de Janeiro: Paz e Terra, 1987.

GEARY, James. *O mundo em uma frase: uma breve história do aforismo*. Rio de Janeiro: Objetiva, 2007.

GILROY, Paul. *O Atlântico Negro: modernidade e dupla consciência*. São Paulo: Editora 34, 2001.

GOMES, Silva Jacimar. *Paixão em estado bruto. Movimento hip hop: palco e projeto de uma juventude*. Universidade Federal Fluminense – Programa de Pós-Graduação em Comunicação – 2009.

HAWKING, Stephen. *Breves respostas para grandes questões*. Rio de Janeiro: Intrínseca.com.br, 2018.

REFERÊNCIAS

HOWE, Irving. *As ideias de Trotski*. São Paulo: Cultrix, 1978.

HUXLEY, Aldous. *Admirável mundo novo*. Porto Alegre: Globo Porto, 1979.

_____. *O macaco e a essência*. São Paulo: Globo, 2006.

KANT, Immanuel. *Crítica da razão prática*. Lisboa: Edições 70.

KOSELLECK, Reinhart. *O conceito de história*. Belo Horizonte: Autêntica, 2013.

_____. *Passado e futuro: contribuição da semântica dos tempos históricos*. Rio de Janeiro: Contraponto, 2006.

KROPOTKIN, Piotr. *A anarquia sua filosofia, seu ideal*. São Paulo: Imaginário, 2000.

_____. *Palavras de um revoltado*. São Paulo: Imaginário: Ícone, 2005.

LANG, Holly. The Notorious B.I.G.: A Biography. United States: Greenwood biographie, 2007.

LEHNING, Arthur. *Convesaciones con Bakunin*. Barcelona: Anagrama, 1978.

LEITÃO, Leonardo R. Santos. *"Só quem é de lá sabe o que acontece": a interpretação das relações raciais nas letras de rap no Brasil*. In: II seminário Nacional de Sociologia e Política, 2010, Curitiba. Seminário nacional Sociologia & Política (on line). Curitiba: UFPR, 2010. V. 7. p. 2-14.

LÊNIN, V.I. *Que fazer?* São Paulo: Hucitec, 1979. The Marxists Internet Archive.

MBEMBE, Achiles. *"A era do humanismo está terminando"*. 24 Janeiro 2017. Tradução de André Langer. O artigo foi publicado, originalmente, em inglês, no dia 22-12-2016, no sítio do Mail & Guardian, da África do Sul, sob o título "The age of humanism is ending" http://www.ihu.unisinos.br/186-noticias/noticias-2017/564255-achille-mbembe-a-era-do-humanismo-esta-terminando.

MARTINS, Guilherme de Castro Duarte. *Guerra dos Graves: da Quebra de Xangô ao Funk na Baixada Santista*. Revista Sonora, 2017, vol. 6, n° 12, www.sonora.iar.unicamp.br ISSN 1809-1652.

MARX, Karl. *Manuscritos econômicos-filosóficos*. São Paulo: Biotempo, 2008.

MOREIRA, Adilson. *Racismo Recreativo*. São Paulo: Sueli Carneiro, Pólen, 2019.

MÜLLER, Mara, Pedroso; CARDOSO, Lourenço (Org). *Branquitude: estudos sobre a identidade branca no Brasil*. Curitiba: Appris, 2017.

OLIVEIRA, Maria Glória de. *Os sons do silêncio: intepretação feministas decoloniais à história da historiografia*. In: História da Historiografia, vol. 11, n. 28, set-dez, ano 2018, p. 104-140.

O'NEIL, Cathy. *Algoritmos de destruição em massa: como o big data aumenta a desigualdade e ameaça a democracia*. Santo André, SP: Editora Rua do Sabão, 2020.

PINTO, Tales dos Santos. *"O que é Integralismo?"*. Brasil Escola. Está disponível nesta plataforma digital, em: https: brasilescola.uol.com.br.

PEREIRA, Mateus; ARAÚJO, Valdei. *Atualismo como a ideia de atualização mudou o século XXI 1.0*. Mariana, MG: Editora SBTHH, 2018.

REFERÊNCIAS

PROUDHON, Pierre-Joseph. *Sistemas das contradições econômicas ou Filosofia da Miséria Tomo II*. São Paulo: Escala, 2007.

RACIONAIS MC'S. *Sobrevivendo no Inferno*. São Paulo: Companhia das Letras, 2018.

REIS, José Carlos. *A história entre a filosofia e a ciência*. Belo Horizonte: Autêntica, 2004.

RIOS, Flávia; LIMA, Márcia (Org). *Lélia Gonzales: por um feminismo afro-latino-americano – ensaios, intervenções e diálogo*. Rio de Janeiro: Zahar. 2020. pp. 179-180.

RUSSELL, Bertrand. *História do pensamento ocidental – aventura das ideias dos pré-socráticos a Wittgenstein*. Rio de Janeiro: Ediouro, 2001.

SAGRES, Instituto. PROJETO DE NAÇÃO – Centro Prospectivos Brasil 2035 – Cenário Foco – Objetivos, Diretrizes e Óbices. 2022.

SIMMEL, Georg. *Questões fundamentais da sociologia*. Rio e Janeiro: Zahar, 2006.

SINGER, Paul. *Introdução à economia solidária*. São Paulo: Editora Fundação Perseu Abramo, 2002.

SMITH, E. Walter. *The Black Mozart: Le Chevalier de Saint-Georges*. United States of America: AuthorHouse, 2004.

SPIVAK, G. C. *Estudios de la Subalternidad. Desconstruyendo la historiogafía – estudios postcoloniales: ensayos fundamentales*. Madrid: Queimada Gráficas, 2008.

TEPERMAN, Ricardo. *Se liga no som: as transformações do rap no Brasil*. São Paulo: Claro Enigma, 2015.

TIBURI, Macia. *Ridículo Político: uma investigação sobre o risível, a manipulação da imagem e o esteticamente correto*. Rio de Janeiro: Record, 2017.

TURIN, Rodrigo. *Entre o passado disciplinar e os passados práticos: figurações do historiador na crise das humanidades*. Tempo. Niterói Vol. 24 n. 2 Maio/Agosto. 2018. pp - 186-205.

_____. *Tempos precários: aceleração, historicidade e semântica neoliberal*. Dinamarca: Zazie Edições, 2019.

WIGGERSHAUS, Rolf. *A Escola de Frankfurt: História, desenvolvimento teórico, significação política*. Rio de Janeiro: DIFEL, 2002.

WHITE, Hayden. *El contenido de la forma: narrativa, discurso y representación histórica*. México: Paidós, 1992.

ZIZEK, Slavoj. *Primeiro como tragédia, depois como farsa*. São Paulo: Boitempo, 2011.

Este livro foi composto com fonte tipográfica Gotham 16pt
e Cardo 10.5pt, e impresso sobre papel Supremo 250g/m²
na capa e papel Avena 80g/m² no miolo pela gráfica Pallotti
para a Coragem, no Rio Grande do Sul.